世界から戦争を消し去る方法

心の専門家　佐藤康行

『世界から戦争を消し去る方法』　目次

■第2章　日本の未来は明るい

■第3章　あなたの中で輝く「真我《しんが》」

■第4章　愛のリーダー

装丁◉河村貴志・アーク株式会社
組版◉ＳＯＭＡＲＤ株式会社
制作協力◉向千鶴子

はじめに

「人類の危機を救う」

２０２３年、10月7日の早朝。パレスチナの武装組織であるハマスが数千発ものロケット弾をイスラエルの都市に向けて発射、多数の戦闘員を侵入させるという重大な事態が起こりました。

この攻撃により亡くなった人は数百人にものぼり、イスラエル側はその報復としてハマスの拠点、ガザ地区を空爆。この攻撃でも子どもたちを含む多くの死傷者が出て、負の連鎖が続いています。

さらにイスラエルは北側のレバノンを拠点とする武装集団や、イラン、シリアなど周辺のイスラム国家とも対立していて、中東地域を巻き込んだ紛争に拡大することが懸念されています。

中東だけではありません。あなたは現在、世界中で戦争または紛争状態にある国がどのくらいあるかご存じですか？　その数は、なんと56か国にも及ぶのだそうです。国連加盟国は１９３か国ありますが、そのうちの56か国ですから相当高い割合です。悲しいことに、それが世界の姿なのです。

直接的な戦火にさらされていない今の日本に住んでいると、それは想像しづらいことかも知れません。しかし現実を見れば、例えばお隣の大国、中国は近年急ピッチで軍事力を増強し、台湾統一に向けて圧力をかけたり、インドとは国境地域を巡って武力衝突したりと、緊張が高まっています。

また、かつて韓国と北朝鮮が戦った朝鮮戦争はかなり昔のことだと思われがちですが、実は未だ休戦状態であり、両国にとって終わった戦争ではないのです。

そしてロシアも、日本の隣国です。

２０２２年、２月24日。ロシアがウクライナへの侵攻を開始しました。この本を執筆している2023年10月現在、未だその戦闘に終止符は打たれていません。

このように世界中で戦争、紛争が起こっていますが、そもそも人はどうして戦争を起こすのでしょうか？　私は世の中で起こっている出来事と戦争というものは、切っても切り離せない関係にあるととらえています。世界中で戦いが起きています。また、世界だけではありません。家族内の争いもあるでしょう。職場での争いもあるでしょう。

人間の「心の戦い」は、至るところにあります。目に見えない「心」まで見れば、全員が戦っているようなものです。それも一番身近な人と戦っています。台湾と中国は、かつてひとつの国だった時代がありました。朝鮮半島も、北と南に分かれてしまいました。ウクライナとロシアは、旧ソビエト連邦共和国の時代にひとつの国でした。

残念なことに、悲しいことに、身内と戦うわけです。その意味ではなかなか止められる人も、解決策を持っている人もいないのが現状です。心の扱い方がわからないから、そうなるのです。頭の使い方はわかるけれど、心の使い方は誰もわかっていないのです。

どれだけ科学やインターネットが進化しても、自分の心には手をつけられない。それが今の世の中で起こっていることです。


日本も例外ではありません。今から78年前、日本にはアメリカによって原爆が投下されました。その年だけで広島では14万人、長崎では7万人が亡くなったと言われています。その後も、多くの被爆者が亡くなり、今も多くの人がそのトラウマを背負って生きています。


しかし、本書で私がお伝えしたいのは、原爆や戦争の悲惨さではありません。

原爆を落とされるとか、戦争になるとか、そういった結果となる前に、まず心の中で戦争が起きるのです。心の中で起きて、その思いが言葉や行動として現れるのです。行動に出るなどというのはよっぽど後のことなのです。

心のわだかまりの段階で仲良くさせられれば、けんかになる前に終戦となるわけです。手を出すなどというのは、相当後のことなのです。

心の世界まで見たら、どちらが先に手を出したかわからないですよ。もしかしたら、手を出さざるを得ないところまで追いつめたかも知れない。それを心の部分までちゃんと理解して、単に何を言ったとか、手を出したなどではなく、もっと根本から変えていかなければなりません。根本から変わると、世の中を天国に変えることができるのです。

国同士はもちろん、先ほども述べたように家庭や職場にも争いは起こり得ます。こういった問題に対して、現状の限りある資源の中で解決しようとしても難しいでしょう。

でも、ご安心ください。

資源がないとしても、それはいいのです。決して悪いことではありません。ないからこそ、そのことがもっと広く大きくものを考えるきっかけになるからです。例えば地球全体が資源であり、宇宙そのものが資源であるというとらえ方をすればいいのです。

宇宙には、外なる宇宙と内なる宇宙があります。外なる宇宙の資源を知るためには、内なる宇宙の資源を開発することです。そうしなければ、外の資源は開発できないのです。**その内なる資源というのが「真我《しんが》」**です。

今、この本を読んでくださっているあなたは、初めて「真我」という言葉に触れたかも知れませんね。

真我とは、真《まこと》の我《われ》と書く通り、「本当の自分」のこと。人間、いわば全人類誰もがそなえている「愛そのものの心、魂」のことです。それは「宇宙意識、全体意識」とも言え、真我を開発することで、宇宙のものを取り入れることができます。愛そのものの自分を、さらに生かすことができます。

私は15歳で単身上京し、皿洗いから身を起こして、宝石や教育教材のセールスでトップの成績を収めました。その後、レストランチェーン「ステーキのくいしんぼ」を創業、世界初の「立ち食いステーキ」を大ヒットさせ、70店舗を経営するまでになりました。アルバイトも入れると２０００人のスタッフがいました。

しかしある時、「将来、必ず来るであろう人類の危機を救うのが私の仕事だ」と悟った瞬間がありました。三十年以上も前のことです。その後、レストランのすべてを手放し、丸裸になり、真我を伝えることだけやっていこうと決め、本当にその通りにしてきました。

すると、新型コロナウイルス、戦争、精神疾患……と、本当に人類の危機がやって来ました。

今までの人間の頭脳ではどうにもならないことが、立て続けに起こっています。

本書の中で詳しく述べますが、私は人間の心に潜む問題が、今、大きく浮き上がっているととらえています。心に問題があると危険なのです。いくら頭脳明晰でも、ものすごく高性能なミサイルを発明し、大勢の人を殺すとしたら、人類は自滅に陥ってしまいます。

この例を見ても、本当に大切なのは頭脳ではないとおわかりいただけるのではないでしょうか？


これからの私たちは、日本は、平和的な愛で世界に入っていくのです。

そうでなければ、ほかの場所や地域、国などに入っていくには、戦争で入っていくしかありません。

かつての日本は武力、戦争で入っていって、こてんぱんにやられました。このことを早く思い起こしてください。

これからは、愛の意識で世界と相対していくのです。

佐藤康行

第1章

本当に強い人間とは

科学だけ進化すると危ない

あなたは、北朝鮮が日本に向けてミサイルを発射したニュースをよく見かけませんか？　ロシアはウクライナに攻撃を続けています。北朝鮮にしろ、ロシアにしろ、内心では「なんで俺たちが悪いと決めつけるんだ！」と思っているかもしれません。

北朝鮮やロシアを非難する側の人間も、両国の本当の胸の内をわかったうえで非難しているわけではないでしょう。「攻撃をするから悪い」と決めつけています。

確かに殺人はよくありません。しかし、「相手が殴ってきたから、自分も」というのでは、何も解決しないのです。もしかしたら、そこまで追い詰めたのかもしれないのです。

今の法律では先に手を出した方が悪いということになります。ただ、その奥に何かある可能性があります。**相手が攻撃してくるほど、そこまで追い詰めた何かがあるのです。**

世のすべての人は、「自分をわかってほしい」「認めてほしい」「愛してほしい」と思い生きています。そして、お互いがそう思って、付き合うと、

「わかってほしいのに、あの人は、私のことをわかってくれない……」

「話を聞いてほしいのに、私の話を全く聞いてくれない……」

「認めてほしいのに、ぜんぜん認めてくれない……」

「愛してほしいのに、愛してくれていない……」

と、どこかでぶつかってしまい、その思いがさらにエスカレートすると、ついには恨み、憎しみ、妬み、嫉妬など、負の感情に変化してしまいます。

そしてそれがもとで、うつ病など心の病になったり、やがては身体に出る病へと加速してしまうことにもなりかねません。

心をそのままに、科学だけ進化すると危ないのです。今、世界中の核兵器は、地球人類を何回も滅ぼせるくらいにあるのですよ。例えば、どこかの国のリーダーが、核ミサイルのボタンを押したら終わりではないですか。

それがひとりの心にかかっている。かなりまずい事態なのです。


人間の中に、ネガティブなものに侵されない偉大なるものがあるのに、それの引き出し方がわからないのです。戦争だけではありません。新型コロナウイルスの流行など、いろいろな感染症が次から次へとやって来たらどうですか?

聞いたことのないような名前のウイルス性疾患が、いつ発生するかもわからない。すでに名前がついているウイルスが100種類以上、名前のついていないものも入れると何万種類もあると言われています。人間はその中を生きていかなければならないのです。

戦争の後遺症が、現代に影響している

精神的な病も、日本のみならず世界的な問題になっています。

私は、うつ病だとか引きこもりになるのは、ずっとさかのぼると「戦争の後遺症」であると思っています。なぜならば、世界中に戦争の歴史があります。日本においては戦国時代に国盗り合戦があり、豊臣秀吉も徳川家康も、勝った人が正義になっていました。

昔の英雄とは、けんかに強い人のことです。相手をたくさん殺した人に、領地や金品などの褒美を与えていたのです。近代では日清戦争、日露戦争、第一次世界大戦、第二次世界大戦と、ずっと戦争の歴史です。今までの教育は、戦争で勝つためのものになっていて、勝った人を偉い人だとしていました。

もちろん日本だけではなく、世界中がそうです。ナポレオンの有名な言葉にこうい

う言葉があります。
「人間はおもちゃで動く」と。おもちゃとは、勲章のことです。勲章が欲しいがために命を懸けているのです。だから、戦争を元にした教育になってしまうのです。洗脳するためにインプットしていくのです。

しかし、私のやっていることはアウトプットです。あなたの中にある本当の自分を引き出すことをやっています。真我は愛ですから、愛の心ですから、相手を殺してやろうなんていう発想はそもそも出てこなくなるのです。

当然、戦争に国民を駆り出すためには洗脳するしかありません。なぜなら、戦争に行くのですから自分も敵に殺されるかもしれない。それには相当洗脳しなければならないでしょう。今になっても、それが世界で起きているわけです。

軍国主義の時代には、上官が「明日、鉄砲を持って殺しに行け！」と命令したら、行かなければいけません。誰も人を殺したくないし、殺されたくもないのが本音のはず。だから、「お国のため」と言って、洗脳するしかないのです。

私の父親も長く戦争に行っていました。その親父から、こういう話を聞きました。戦時中、ものすごく威張っていた上官がいたのだそうです。終戦になった途端、部下だった人間がその上官のところへ行って、階段から突き落としたというのです。長年の恨み辛みがあったのでしょう。

当時、上官の命令は絶対という時代でしたが、その上からかぶせるやり方が、未だ世の中に残っています。

人間の本来あるべき姿を無視して、型にはめようとすることを私は「かぶせ」と呼んでいますが、この「かぶせ」がうつや引きこもりの原因です。そしてこれは、戦争の影響なのです。

現代にパワハラが残っているのも、同じ理由だと思っています。戦時の教育が未だに影響を及ぼしているのです。日本は戦争に負けて、平和国家へと変貌を遂げました。しかし戦後、仕事や教育現場でも、軍国主義で教わってきたやり方しかわからない人が多かったのです。

病気も引き寄せる「戦いの心」

戦争で引っぱたきながら人を育てていくことが当たり前に行われていました。終戦後、そういう人が社長になったり、上司になったりして、同じようなやり方で仕事をしてきました。

さすがに引っぱたいたりはしないとしても、言葉の暴力になっていた可能性があるのです。子育てにしても、親も子どもをそういう育て方が良いと思って接してきた可能性があります。

部下や子どもがその上司や親のやり方に反抗しているならまだしも、「自分は悪いんだ、ダメなんだ」と思い込むと、自分に攻撃の矢を向けて、うつ病になります。逆に、この矢を「お前が悪いんだ！」と相手に向けると戦争になります。戦いが始まってしまいます。

そして、引きこもりは防空壕《ぼうくうごう》だと思います。現代で言えばシェルターでしょうか。例えば、家の中でお父さんとお母さんがいつも戦争していると、子どもはその恐怖心からどこかに逃げたくなります。まるで防空壕に隠れるようになります。

その夫婦の問題は本当はもう解決しているのに、子どもはそうとは思わず、ずっと長年引きこもっている。それも戦争の後遺症です。

引きこもりや精神疾患、パワハラのような問題だけではありません。**戦争を起こすような心が、コロナウイルスを引き起こしたとさえ思っています。調和の心ではなく戦いの心が、病気も引き寄せているのです。**

どんな戦いの心も、真我ですべてが解決できます。真我でがんも消えたり、うつ病が治るのは当たり前なのです。
真我で家庭が幸せになったり、良縁に恵まれたり、会社の業績も伸びます。真我でできないことはないのです。

戦争とは、まさに心のがんだと言えます。原因はすべて、不調和な心です。それがいろいろな病気の原因になったり、人間関係のトラブルになったりと、形を変えて出てくるわけです。

では、同じ環境であるにもかかわらず、病気になる人とならない人がいるのはなぜでしょうか？　それは、一人ひとりの「心の環境」の問題です。**外部の環境は大体同じであっても、心の環境によって、それを引き寄せる人と、引き寄せない人がいるのです。**

例えば、上司に注意されて怒る人もいれば、別にどうってことはない人もいる。逆に「間違いを正してくれて、ありがたい」と、喜ぶ人もいるでしょう。

このように、すべては心の在り方で決まってしまうのです。

親よりも、子どもたちが進化している

時代は流れ、戦争の第二世代、第三世代が活躍するようになりました。私から見ると、第二世代や第三世代の方は、親子が逆転しているように見えます。

本当は子どもから教わらなければならないのに、親はどうしても自分が上だと思ってしまう。だから自分の考えを注入したくなるわけです。自分の影響を受けてほしいから、ついそうしてしまうのです。

戦争の時代の次に、経済の時代が来ました。お金を持っている人や、お金儲けのうまい人が大衆の賞賛と羨望を一身に受けました。世の中は拝金主義になり、お金のない人には生き辛い時代になりました。

この時代は終戦直後から始まり、現在の日本でもまだ続いていると言えます。しか

し、こうした時代ももう終わりの時が近づいています。

ある女性が私のところに相談に見えました。この女性は娘さんに「私が話をしているのに、お母さんはどうして途中から割り込んでくるの？」と、よく言われるというのです。ご本人にそんなつもりはないようですが、「娘についマイナスなことを言ってしまう」という相談でした。

この話は、時代の移り変わりと関係がある。そう感じました。娘にとってお母さんは一昔前の人です。一昔前の人は、戦争が色濃く残る時代の環境で育ってきました。この母親と娘との関係に、私は戦争が関係していると思ったのです。

戦争で生き残った人たちが、戦後になっても戦時中のやり方のまま会社を作り、日本を引っ張ってきました。もう時代は全く変わってきているというのに、自分がそうされたようにやってしまうのです。

娘さんにとって必要なのは、上からかぶせるやり方ではなく、引き出すやり方です。能力を引き出す。やる気を引き出す。個性を引き出す。全部引き出すことです。免疫力を引き出し、生命力を引き出し、生きる勇気を引き出す。全部引き出すのです。

そのためには、真逆になればいいわけです。聞く方に回ればいいのです。娘さんが何かを言ったら「今、言ったことをもうちょっと教えて」とか、「へー、凄いわね。そうなの、そうなの」と。そういうふうに、相槌を打つように聞けばいいのです。歌を歌う時に、手拍子をすることがありますよね。そういう感じで聞くのです。「それは素晴らしい。そういうことを、そういうふうに気づいたのね」と会話してみたらいいのです。

親の変化を子どもは敏感に感じ取ります。ぜひ聞く方に回ってみてください。

これから生まれてくる子どもたちは、優れた時代にふさわしい能力を生まれつき持っているように感じます。問題は、親が人類の進化についていけず、子どもたちを昔の基準で見てしまうことです。

子どもの進化に親がついていけないのです。そうならないように、親自身も進化しなければなりません。

特に最近の子どもたちの変化は顕著です。おそらく遺伝子のレベルでも、人類は進化しているのでしょう。人間の潜在能力は、自分自身の想像を遥かに超えるものがあります。

ただそれが発揮できないのは、親もそうですが、自分自身でブロックしているところもあるでしょう。**できると思えば、できるのです。**そのことも伝えていかなければなりません。

男どもは何をやっているんだ！

ある女性からこんな質問をいただきました。

「ロシアとウクライナの戦争で、女性が性暴力を受けているという報道がありました。そういったことを知ると死にたくなるのです。なぜでしょうか？」というものでした。

私はこのように答えました。

「あなたは女性の代表だからです。私は男性の代表。だから、なんとかしてくれと、私に訴えてくれている」と。

私はこの女性の叫びを、受けて立とうと思っています。確かにそうなのです。男性は、女性を幸せにするためにこの世に生まれてきたはず。それなのに、戦争では女性や子どもたちがたくさん殺されています。

殺している方も、自分の家族を守ろうとして、相手の家族を殺しているのです。とんでもない勘違いをしています。昔からずっと、戦争をするのは男が中心です。みんな勘違いしているのです。

私は以前、ある実話をもとにしたドキュメンタリー番組を見ていました。日本が満州を制覇した後、戦争に負け、日本人の女性や子どもが残された話でした。隣国のソ連が満州に侵攻して来たのは、終戦直前のことでした。日本人の女性たちがいるところにソ連兵がやって来て、ドアを蹴破ったりと大変乱暴な振る舞いで、「女を出せ！」と、強姦されたというのです。

女性たちは男のふりをしたり、坊主にしたり、子どものふりをしたりして、なんとか逃れようとしていました。それがばれると殺されるという話で、妊娠したり、性病もうつされたりしながら、大変悲惨な目に遭ったそうです。

なんとか日本に帰ってくる船に乗って、日本に向かったそうです。船からいよいよ日本の陸地が見えてきた時、やっと故郷に帰れるはずなのに、普通なら飛び上がって喜ぶはずなのに、女性たちは次々と海に飛び込んでいったそうです。身を投げての自殺だったのです。ソ連兵に性病をうつされたり、妊娠させられた姿を、日本に帰って見せることはできないということなのでしょう。

その番組を見た私は、本当に号泣しました。むしろ女性の方が潔いじゃないか！」と、そう思いました。「**男どもは何をやっているんだ。**」

戦争では、勝った方が勝利者で、目的を達成したということになります。負けた方は成功者ではない。敗者であると、今まではそういったレベルの低いとらえ方しかできませんでした。しかし本当にそれでいいのでしょうか？

強い人間・弱い人間

戦いで人を殺すことが強いことではありません。それを強い人間とは言わないのです。**それは弱い証拠です。弱いから、弱い者いじめしかできないのです。**

だから、男性の教育が必要です。男の強さとはどういうものかを、教える必要があると思うのです。人間の強さ、男の強さ……。それは、優しさ。そして「**真我の優し**

さ」は、**究極の優しさ**です。
もちろん、現時点において世界中のほとんどの人は、そのことがわからないでしょう。でも、わからないで済ませるわけにはいきません。本当に、人類が危ないのです。

私も若い頃、強さを求めていた時期がありました。営業をやりながらボクシングジムに通っていました。その頃にあった、ボクシングを辞める理由のひとつになった出来事です。スパーリング（試合形式の練習）をすることになったのですが、私は練習生で、相手はプロの6回戦ボーイでした。

向こうはプロですから、私にけがをさせてはまずいので、彼は「俺は左手1本でいい。おまえは両手で殴ってこい」と言いました。
「俺はおまえのボディしか狙わないから、安心しろ」と。そしてスパーリングが始まったのですが、意外にも私のパンチがバンバン当たるんです。「当たるじゃないか」と思って打っていたら、相手は苦しくなってきたようです。

約束を破って、両手でガンガン殴ってきたのです。

私は「この野郎、嘘つきやがって」と思い、全力で殴ったんです。そうしたら、吹っ飛んで行ってしまいました。私は結構力があったのでしょう、６回戦ボーイのプロがダウンしてしまった……。私はすぐに抱き起こしたのですが、それをトレーナーに怒られたのです。

「バカ野郎！　倒したやつを抱き起こすバカがいるか。起き上がるのを待って、また殴るんだ」と言われたのです。「向いてないな」と、私はそう思ってしまいました。

自分の力を思いっきり出したかったのですが、**相手を殴って思いっきり出すよりも、相手に喜ばれることを思いっきりやる。そのような仕事をやりたい、**そう思ったのです。

それは営業だと思いました。営業なら、お客様のために思いっきりやってもいい。自分の力を、全身出してもいい。それでボクシングをやめ、営業という仕事に全力を傾けることになりました。

敵を味方にする方法

強さを極めた合気道の達人で、塩田剛三という方をご存知でしょうか？　体重50キロにも満たない小柄な体格にもかかわらず、ボディーガードをするような大男を軽々と投げ飛ばしたといいます。

ある日、塩田氏は、弟子の一人に「先生、合気道の技で、一番強い技は何ですか？」と聞かれて、こう答えたそうです。

「それは、自分を殺しに来た相手と友達になることだ」と。

塩田剛三氏は数々の名言を残していますが、ここにいくつかご紹介します。

「人が人を倒すための武術が必要な時代は終わった。そういう人間は、自分が最後でいい」
「勝つとか負けるとかは、実にくだらないこと」
「己を〝無〟にして、相手と一体となる」
「なぜ、人間は壁を作ることが多いと思うか？　怖いからだ」

　こういった言葉に、私の伝えている「真我」と相通《あいつう》ずるものを感じます。一番強い人間は、人と仲良くなり、壁がない人間です。あなたが「私の友達は、あの人とあの人とあの人……」と限定する必要はありません。

「私の友達は全世界の人。地球上にいる人は、すべて愛する人。地球が私の故郷だ」

と言ったとしても、誰も怒らないはずです。出会う人、すべての人に、最初から友達だと思って接すれば、誰も嫌な思いをしないでしょう？

　みんな味方にしたら襲って来ないので、危険はなくなります。危険があるというのは、実は自分の中にそういう心があるから、その心が引き寄せるのです。**一番良いの**

は、全部を味方につけることです。ウイルスですら、敵にもなるし味方にもなるのです。

私たちは敵と味方を分ける性質を持っています。自分のその時の状況によって敵になったり、味方になったりします。例えば戦国の世で言うなら、豊臣軍と徳川軍は敵と味方でしょう。しかし、時代が変わっていったら、みんな日本人というひとつの味方になります。

今の自分が置かれている環境や都合によって、敵か味方に分かれるわけです。

ですから、最初から味方と受け止めていいのです。最初から味方でいくと協力者になるわけです。簡単に言えば、味方にするチャンネルなのか、敵とするチャンネルなのかということです。それが一瞬でできます。

戦時中に、もし全部味方のチャンネルに変えたら、もう戦争はしなくなります。

味方なのですから、味方をやっつける気にはとてもなれません。チャンネルには「味方にする」か「敵にする」か、「波長を合わせない」かの三つがあります。一番役に立ち、力になるのは、味方にすることでしょう。

例えば、敵が十人以上いるとします。その敵が百人になり、千人になり、一万人になったとします。そうしたら、大変なことになってしまうでしょう。

しかし、敵がまだ十人の時に、その親分と握手して仲直りしたらどうでしょうか？　そしてさらに仲良くなって味方になれば、逆に十人が千人、一万人になったほうが良い。味方が増えるだけだから、増えれば増えるほどいいわけです。敵だと、増えたら困るのです。

だから、人を愛せる人が一番強いと思ってください。なぜなら、敵がどんどん味方になっていくのですから、強いではありませんか？　このまま仕事にも、教育にも、医療にも活かせます。あらゆるものに活かせます。

そのためにはあなたの中にある本当の自分を引き出し、本当の自分と出会うことです。本当の自分と出会ったら、最高に感動しますよ。

もし、北朝鮮に拉致されている人が、その親や兄弟に何十年ぶりに会ったとしたら、抱き合って感動して泣くはずです。その家族よりもっと近い人、つまり本当の自分と出会うことがもっとうれしいのです。

国同士の関係も「意識」で変わる

以前、元総理大臣の小泉純一郎氏が、靖国神社への参拝で迷っていた時期がありました。「靖国に手を合わせるのは何事だ」と、中国と韓国で大暴動。日本の大使館ではいろいろなものをぶつけられたり、蹴られたり、日本人のお店が壊されたりと、大変な騒ぎとなりました。

それでも小泉元総理は「日本のために戦死した人に、手を合わせて何が悪いのだ」というわけです。その意気はいいのですが、私はもっといい方法があるのになと思っていました。

知り合いの政治家を呼んだ私は、「実はいい提案があるのだが」と話しました。ちょうど小泉氏が靖国神社を参拝する四日前のこと、私はこう言ったのです。

「日本の戦没者に手を合わせにいく前に、靖国参拝に反発している中国や韓国にも戦没者がいるはずで、当然、日本も過去に迷惑をかけたわけだから、事前に両国に手を合わせにいくことが先決ですよ」と。

つまり、中韓両国の参拝を終えたあとに、靖国神社に参拝するのがいいというのが私の考えでした。

なぜならば、人間関係はまず相手を先に立ててあげることが常識だからです。日本の国のことだけを考えてどうのこうのという時代は、早く卒業しなければいけないのです。

そういうことを、国会の廊下で本人をつかまえてでもいいから、ぜひ小泉氏に言ってくださいと提案しました。その知り合いの政治家からは、間もなく返事がきました。「小泉さんには言えなかったが、福田官房長官には伝えました」ということでした。

結局、小泉氏は靖国参拝をしました。だが、そのあと、しばらくしてから中国と韓国の戦没者の墓苑へ参拝に行っています。それに対して中国と韓国双方から、首相の心意気を高く評価するという主旨の記事が新聞に出ていました。

それら一連の参拝をもっとも強く首相に進言したのが、福田官房長官だと書かれていたのです。ということは、私の言ったことが通じたのだと、驚いたことがあります。

まさに、そういう発想こそ「意識の時代」が来たということなのです。自分中心に考えるのではなく、相手中心に考える。より大きな心、より全体の意識をもって考え、言葉にし、行動することこそ、これからますます大事なことなのです。

このことを、日本はもっともっと目に見える形で世界に示していくことです。先にのべたように、国も人間と同じです。リーダーが率先して行動を起こせば、国同士の関係も必ず変わってきます。

また、北朝鮮の金正恩総書記とトランプ元大統領が戦争をしそうになったこともありました。金氏は核爆弾のボタンを押すと言い、トランプ氏も「俺のアタッシュケースの中は、いつでもボタンを押せるようになっているんだよ」と舌戦をしました。

危機一髪の局面です。しかし私は、普通の人とはちょっと違うかもしれませんが、チャンスだと思ったのです。今、この問題を解決するチャンスだと。

その時、朝方に夢を見ました。ある政治家に向かって、テーブルをドンドン叩きながら「今、行け！」と言っていました。「今、解決するんだ！」と。**なぜなら、ギリギリの危ない時こそ、チャンスだからです。両者とも戦争なんかしたくないはずだからです。**

そして、その政治家を呼んだ私は「今、チャンスだよ。今行って仲直りさせたら、歴史に残るよ。みんなが頼もしく思うよ」と伝えました。

政府がある程度のお金を用意して、拉致被害者を全員返してもらい、遺骨も全部きれいさっぱり返してもらう。**それで戦争をやめようという、良いきっかけをつくってあげるのです。**とても親切ですよね。


その政治家は当時のトップ層に進言したのですが、「時期尚早」との返答だったそうです。私はとても残念でした。拉致被害者を救い、北朝鮮とアメリカ、韓国、そして日本の関係が良くなるチャンスだったのに、なんともったいないことでしょうか。

もしあの時、北朝鮮が拉致被害者を遺骨も含め日本に全部返していたら、北朝鮮を見る日本人の目は、必ず一変していたことでしょう。

第2章

日本の未来は明るい

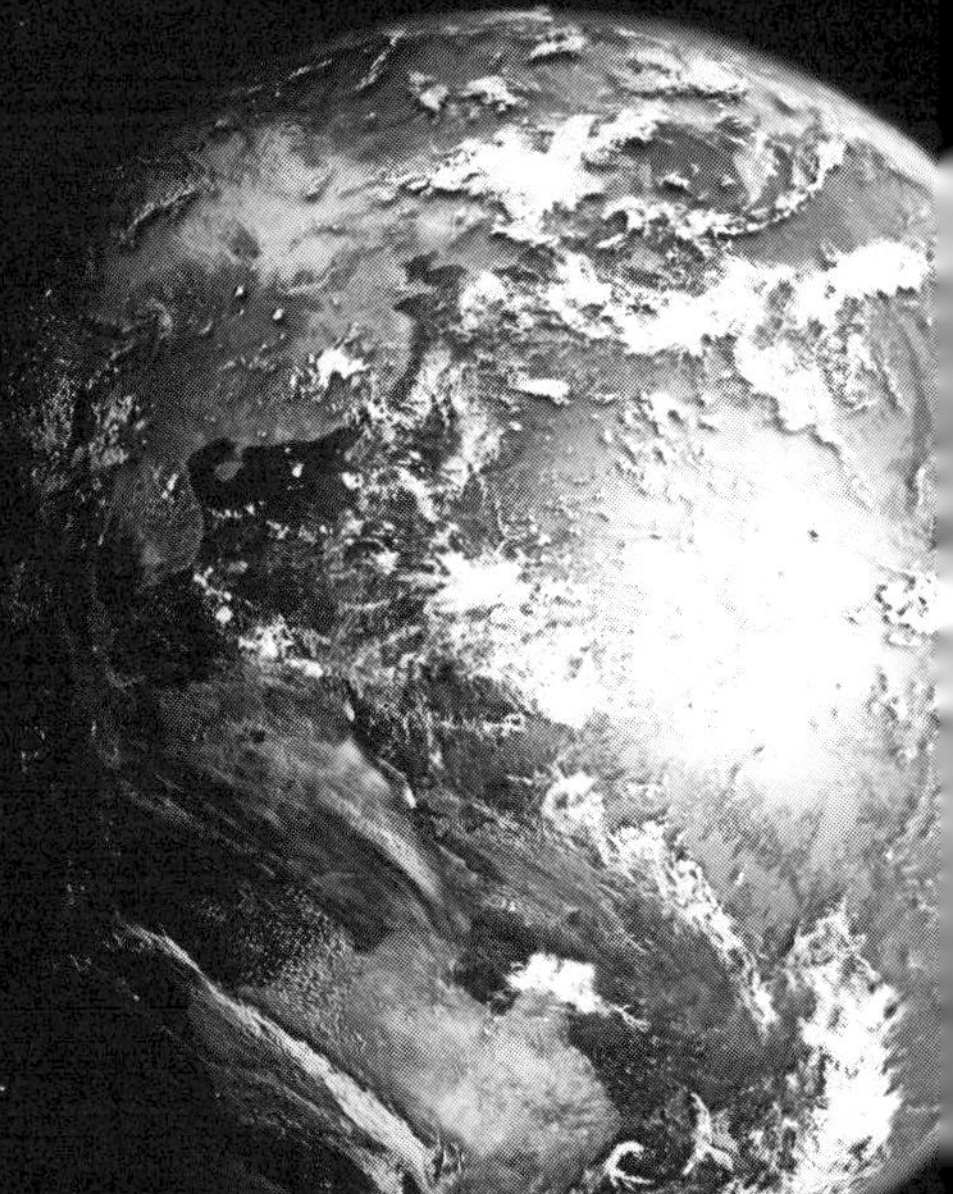

サナギの抜け殻を見るか？　翔《はばた》くチョウを見るか？

日本は、第二次世界大戦の敗戦によって国土が廃墟となったからこそ、全く新しい日本に生まれ変われました。生まれ変わるということは、色が変わって別のものになるということです。サナギがチョウになるように、色が変わって別のものになるということです。

徳川幕府の色と、明治維新の色は全く別のものでした。サナギからチョウになるくらいに変わりました。敗戦から経済復興、そして経済大国という過程も同じくサナギからチョウになったのです。

いわば、以前とは違うものになる、別のものになるというのが一番いいのです。全く違うものになるということです。

そのときにサナギのほうを見るのか、チョウのほうを見るかです。サナギのほうを見ていては、抜け殻を見ることになります。しかし、チョウのほうを見ると希望になります。徳川幕府、徳川家を見ていたら抜け殻を見ることになります。明治維新政府を見たら、翔くチョウを見ることになるのです。

一方だけに荷担すると変化が見えない可能性があります。変化する状況下の、両方を見ることで大きく変わってくるのです。

ここで言いたいのは、地球規模、宇宙次元でものを見るようにすることが大事だということです。これはある程度、意識的に見ることができます。できることなら、地球規模、宇宙次元でものを見るようにしましょう。それを意識的にやりましょう。

具体的には、従来の経済優先ではなくて、次の段階は意識優先、いわば日本人が率先して人間的意識レベルを上げていくことを始めるのです。例えば教育や、医療や、宗教、哲学、そして政治など、あらゆる分野において意識を変えていくのです。

日本が生まれ変わるチャンス

現在、わが国のGDP（国内総生産）は世界第三位です。2010年ごろ中国に追い抜かれたものの、世界でも屈指の経済力を持った国であることは変わりありません。それにもかかわらず、国民全体が漠然とした不安に覆われ、一体この国の先行きはどうなるのだろうと思っています。

日本はこの先、どこへ向かおうとしているのでしょうか？　これから先、日本の将来はどうなるのでしょうか？　日本に明るい未来は、あるのでしょうか？

結論を言えば、「日本に明るい未来はある！」と私は断言します。

ただし、「ある一定の条件を満たせば」の話です。

その条件とは、戦後の日本がたどってきた経済一辺倒、科学技術偏重や物質万能主義、金銭がすべてという生き方を改めて、人間の心の深い部分にある「意識を中心とした生き方」に目覚めることです。

新型コロナウイルスというたったひとつの病原体に、世界中が翻弄されました。最先端の科学をもってしてもそのような状態です。近代、人類は知識に重きを置き、いわば外から学んだ頭脳、思考を中心としてきました。

しかし、そこから一刻も早く抜け出して、そもそも人間の脳を創った大宇宙の摂理、法則に従うことが必要な時代になっていることに気づかなくてはなりません。

あなたは「終末時計」をご存知でしょうか？　核兵器や環境破壊、気候変動などで人類が滅亡するその時を午前０時に見立て、科学者など専門家が残り時間を毎年発表しているものです。

２０２３年1月に発表された残り時間は1年前よりさらに10秒短くなって「90秒」になりました。もちろんこの残り時間とはあくまでイメージ的なものですが、人類が危機的状況にあることは疑いようもありません。

地球人類を破滅寸前にまで追い込んでいるのは、人間自身、人間の脳です。私たちはその脳を創り出した大いなる存在、いわば人間存在の根源である「宇宙の真理」に、速やかに目覚める必要があります。**宇宙法則に沿った「意識改革」を遂げる時代がやって来ているのです。**

今ほど「真我」というこの二文字が、悲痛なまでに求められている時代はありません。私はロシアとウクライナの戦争によって、過去のいろいろなものが浮き出てきているととらえています。

天が私たちに一番言いたいことは、**「お前たちは心が全然進化してない。なぜ未だに何百年も前の解決策をやっているんだ！　心の扱い方を何もわかってない。わかろうとしていないじゃないか！**」ということです。

例えば、「日本は戦争に強いんだ」という意識を握っていたら、また、持ち続けていたら、戦争という意識からは離れられません。
日本は先の敗戦を契機に、「これまでのやり方は間違っていた。平和的な方法、経済でも頑張れば立派な国になれるのだ」という意識にスパッと切り換えたことで、経済発展を遂げました。こうして、戦争も経済も、実は同じエネルギーでできるということがわかったのです。

だから、これからも同じエネルギーを使うのです。今度は「経済」に替えて、「意識」というエネルギーで、同じように世界に出て行くことができます。そのエネルギーの源泉は、愛のエネルギーです。
世界に向かって、日本人が本来持つ愛のエネルギーを使うのです。それは世界中、どの国でも求められているものです。

人間は、相手がわかってくれないならば「殺すぞ！」と、未だにやっています。**インターネットやＡＩ、スマホがこんなに進化しているのに、人間の心はほとんど変わっ**

ていません。ロシアとウクライナの戦争は、そのメッセージだと思うのです。

かつて日本は、外国の圧力、いわば他力によって生まれ変わりました。それまで握っていたものを、どうしても手放さざるを得ない状況に追い込まれたのです。明治維新しかり、先の大戦での敗戦しかり……。

しかし今度は他力によってではなく、自らの意思で手放す絶好のチャンスを迎えています。

失われた30年と言われる日本経済の低迷も、そろそろ天は日本という国に、自らつかみ取れるチャンスを与えようとしているのかもしれません。日本が生まれ変わるチャンスは、今、自らの手に握られています。

この歌に、涙が溢れて止まらない

戦争をテーマにした「長崎の鐘」という歌があります。昭和24年に発表された藤山一郎さんのヒット曲で、永井隆医師による随筆『長崎の鐘』がモチーフになっているのだそうです。

カラオケでたまたまこの曲を歌おうとしたのですが、なぜか涙が溢れて溢れて、全く歌えませんでした。何回やっても涙が溢れ、歌えないのです。

「なんだこれは？」と思いましたが、ある時、その謎が解けました。

それは、長崎の方々に私の講演会を開催したいと依頼され、お招きいただいた時のことです。「長崎　魂の鐘　講演会　～天国にいる被爆者の御魂《みたま》を救う～」というテーマの講演会だったのですが、長崎に足を運んで、涙が止まらなかった理由がはっきりわかりました。

この歌には、深い思いが込められていたのです。この歌に、作者の本物の思いが、わずか何分かの中に込められていたことがわかりました。この歌には命が書き込まれていました。だから涙が溢れたのです。

それより前に、頭の中でひっきりなしに音楽が流れてくることがありました。それは仙台に行った時のことでした。「異国の丘」という歌が、あまり知らないはずの歌なのに、頭の中で鳴り響くのです。

なぜだか涙が溢れて、4時間くらい泣きっぱなしでした。「異国の丘」は昭和23年に発表された曲で、竹山逸郎さん、中村耕造さんが歌っています。しかしもともとはシベリアに抑留された旧日本兵の方が、収容所で披露した歌なのだそうです。

私の涙が止まらなくなった歌、「長崎の鐘」と「異国の丘」に共通するのは、両方とも戦争に関する歌であるということです。

また、私は広島の方にもお招きいただき、講演会に登壇したこともあります。広島平和記念資料館や原爆ドームを見て回り、その翌日が講演会でした。そこで真我の話をお伝えし、その後、私は参加いただいた方々に「何か質問はありますか？」と聞きました。

　すると、教育者として地位のある方が私にこう質問したのです。

「佐藤先生、さっきから愛だとかうんぬんおっしゃっていますが、そんな甘っちょろいことで世の中を変えられるんですか？」と。

　最後まで黙って聞いていた私は、こう返しました。

「今、甘っちょろいとおっしゃいましたね？　では、私が今から話すことが甘っちょろいかどうか、聞いてからまた話をしてください」

　そう言って、さらに続けたのです。

「ここは広島ですよね？　原爆を落とされたところですよね？　平和記念資料館を広島にただ置いているだけではだめです。できるならこの記念館を、ニューヨークのど真ん中に置いたらいいのです。

　その代わり、ハワイのパールハーバー記念館を東京のど真ん中に置くのです。自分のやっていることをちゃんと自分で見なくてはダメなのです。単なる被害者だけではなくて、自分たちがやってきたことをちゃんとこの目で見て、そしてこれからの未来のために反省をし、改善をしなくてはいけないのです」という話をしました。

すると、その教育者の方はピッと背筋を伸ばし、深々と頭を下げたのでした。そして今でもその方は、私のもとに真我を学びに来てくれています。

世界中から「日本を救え」の声が上がった理由

日本が原子力の脅威に直面したのは、広島、長崎に落とされた原爆だけではありません。２０１１年3月11日、マグニチュード9・0という、日本の観測史上類を見ない巨大地震が発生しました。それが東日本大震災です。この地震に伴う津波に襲われた福島第一原子力発電所では、メルトダウンという深刻な事故が起こりました。

この震災は日本の中でも、東北という最も日本人の基本的な性質を色濃く残している地域を襲いました。世界の人々は、東北という日本の地域を知り、ほかの日本の地域にも増して、この地方の方々の人間性に畏敬の念を抱きました。

避難所で、人々は物資を受け取るために整然と列に並び、のみならず体の弱い人に順番を譲るなど、深い互助の精神を発揮しました。

また、無人となった商店が略奪に遭ったり、強盗に入られたりすることもなく、たとえ苦しく追い詰められていても、人として恥ずべきことはしない倫理観の高さが万人の胸を打ちました。

こうした様子を見た世界中の人から「日本を救え」という声が上がったのです。何かと日本と敵対することの多い中国でさえ、日本を褒めたたえたのは、特筆すべきことだと思っています。事実、震災後である２０１２年に、「世界に良い影響を与えている国ランキング」（ＢＢＣ［英国放送協会］調べ）で、日本はトップになったのです。

私はかつて、真我を広めるために世界中を旅行したことがありました。旅をしつつ、行く先々で「日本をどう思うか？」と、日本の印象を聞いて回りました。返ってくる答えは、大体同じでした。
「トヨタやソニーは素晴しいと思う」と。日本人ではなく、日本の工業製品を褒めるのです。それを聞くと、私はなんとも複雑な気持ちになりました。

日本人とは、カメラや自動車を作るロボットとしか認識されていないのか。それは極端だとしても、外国人には日本人の顔が見えていないのは明らかでした。

いつか、日本人そのものの素晴しさを世界が知る日が来てほしい。それは日本人の意識レベルが向上する日であり、ひいては人類全体の意識レベルが向上する日であると考えていました。東日本大震災は、図らずもそのきっかけを日本にもたらすことになったのです。

東北人は日本人の最もよいエキスの部分を持っている人々、と言えるのではないかと思います。忍耐力や勤勉さ、そして義理堅さなど、まさに日本人の本質的な部分を色濃く残している人たちです。

この人たちが震災の被害を受けたことは、ある意味、象徴的です。

朴《ぼく》とつで素朴な人たちが、外部から不可抗力の被害に遭うことで、その本質を露わにしたのです。そこで明らかになった人間性こそは、意識を中心とした新時代を迎える世界にとって必要であると言えるでしょう。

愛の反対は「価値観」

ロシアのプーチン大統領は、柔道愛好家としても有名です。最も尊敬する日本人は、オリンピック金メダリストの柔道家、山下泰裕氏なのだそうです。

２０１０年代、プーチン氏は日本との北方領土問題解決に意欲を見せていました。

その時、プーチン氏は「**柔道では〝引き分け〟という言葉があるんだ**」と、当時の安倍晋三首相と協議を重ねていました。

現時点では残念ながら北方領土問題は解決していませんが〝引き分け〟の精神で、ウクライナとの戦争も終わらせられないものでしょうか。

ウクライナとロシアも、本当は戦いたくないはずです。戦いが続けば、兵士や市民だけでなく、両国のリーダーも殺される可能性があります。

もし、敵対国のリーダー同士が「私が間違っていました」「いやいや、私の方こそ間違っていました」と言って抱き合って号泣したとしたら、戦争なんて起きるでしょうか？　起きるわけがありません。

愛の反対は、「憎しみ」や「恨み」と考える人が多いと思いますが、私は愛の反対は「価値観」だと考えています。誰もが知らず知らずのうちに、自分なりの価値観を育んで生きています。

世の中には「自然が一番大事だ。自然を守れ」という人もいれば、「自然も大切だが、人間の経済活動はもっと大切だ。環境保護はその後だ」という人もいます。
こうした価値観の違いが、現実の社会でさまざまな対立を生んでいます。

私はかつて自分は間違っていない、絶対正しい、間違っているのはあいつの方だと思って生きていた時代があります。自分は正しい、自分の考える通りにやれば間違いはない。

こう考えて、部下たちを引っ張ってきました。しかし、こうした姿勢は必ず行き詰まります。

私が若いころに、こんな言葉を本で読み、愕然としました。

「自分が正しいと思った時から間違いが始まる」

まさに、自分の欠点を言い当てられた気持ちでした。

価値観とは、個々人の歴史やさらにその親、そのまた親といった先祖の代から受け継いでいる場合もあり、変えることは非常に難しい。ですから、価値観の対立とは深刻なのです。

ならば、価値観を上回るもので結びつくしかありません。それが真我です。

夫婦間でも、価値観の違いが離婚にまで至ることは、ご存じの通りです。人間が価値観をぬぐい去ることはほとんど不可能に近いと言えますが、自分の中にある本当の自分の価値観が引き出されてきた時に真我が引き出され、既存の価値観が消えるわけです。

それを「生まれ変わり」と言っています。人間は生きながらにして生まれ変わることができるのです。**死んで生まれ変わるのではありません。生きているうちに、生まれ変わることができるのです。**

できるなら今この場で、素晴らしく生まれ変われたらいいでしょう？　そうしたら、あなたが生まれ変わるだけでなく、あなたを中心に家族が変わり、職場が変わり、日本が変わり、世界が変わるのです。

「線引き」から問題が始まる

よくこういう風に言う人もいます。

「私は、別に悩みもないし、問題もないから真我に目覚める必要はありません」と。

違うのです。それは、自分のことしか考えていない証拠なのです。あなたに悩みはないとしても、家族や親戚はどうですか？　引きこもりは、日本だけで150万人くらいいると言われています。精神疾患の方は、潜在的な層も含めると2000万人くらいなのだそうです。これらはすべて、問題ではありませんか？

テレビでは連日、世界中で起こっている戦争や争いが報道されています。「自分は悩みがないから関係ない」と、線を引いてしまってもいいのでしょうか？

人間関係に関するあらゆる問題は、「線引き」から始まります。私とあなた、自国と他国……。このように、二つの存在を明確に分けることから、問題が起こります。**善悪、明暗など、何でも二つに分けて、相違点を突き詰めることから、すべての争いは始まるのです。**

出身校、家柄、勤務先……。いろいろな線引きをして私の方が偉いとか、格が上だとか言って、優越感や劣等感を抱きます。とかく人はこうした差別をして、他人と自分を分けて考え、自分をより優位な位置に置きたがります。

けれども、こんなことにどれだけ意味があるのでしょうか。

線が引かれると、分離意識が出てきます。**戦争という国家レベルのものから、夫婦げんか、兄弟げんかのような身近な話も、メカニズムは共通しています。**それぞれの個性があっていいのです。全体としてひとつなのですが、それぞれ独立しているのだと思えばいいわけです。

それぞれの生き方、育ってきた環境によって、いろいろな考え方がある。国もそのひとつなのです。日本の中に都道府県がありますよね？　例えば、東京や大阪、北海道、福岡などです。どこかの県と県が、「方言が違う！」と言ってケンカになったらおかしいですよね？

そういう分離意識、戦いの意識が、うつなど精神疾患の原因になったりするのです。

真我から見れば、誰もが大海の波に過ぎません。それを「この波が優れている」「この波は劣っている」などということはあまりに無意味です。

地球には多くの国家がありますが、しかし宇宙ロケットから見たら、ただ一個の地球が宇宙空間に浮かんでいるだけです。国境など全くありません。

国境は人間が地図という紙の上に引いた線にすぎないことがわかります。

日本のような島国ですら、海の水を抜いてしまえば他の国と地続きです。国家とは人間が便宜上作った概念なのです。

国境にこだわり、人種にこだわり、宗教にこだわっている限りは、真我は現れません。すべての線引きを捨ててこそ、心の中に永遠の真理が浮かんでくるのです。

真我の観点からみれば、人は皆一心同体なのです。

人間は表面こそ違えど、心の奥底では皆つながっています。世界にはさまざまな宗教や哲学、政治形態がありますが、その根本には人間の真我があります。真我に目をやれば、人間は対立するはずがないのです。

真我は愛そのものです。そこにあるのは融合であって、対立などあり得ません。

愛には区別も差別もないのです。区別や差別を作るのは、人間の頭脳、心なのです。

第3章

あなたの中で輝く「真我《しんが》」

人間は何でできている？

ここからは、私たちの心の仕組みについて具体的に説明しましょう。

私たち人間は心を持っていますが、では、そもそも私たち人間は一体何でできているのでしょうか？　何の塊なのでしょうか？

もし粘土でできた人形だとしたら、壊れた時に粘土で直す。もし木でできた人形だったら、木で直すというように、同じ素材で直しますよね。

では、改めてお聞きしますが、人間は何でできていると思いますか？

肉と皮と骨でできているとも言えます。人体のほとんどが水分で、60パーセントくらいと言われています。確かに、それも正解です。タンパク質でできている。それも正解でしょう。ＤＮＡ、遺伝子でできている。それも正解でしょう。ミクロの単位で言えば、原子・素粒子でできている。それも間違いないでしょう。

私は、「人間は記憶でできている」ととらえています。肉体も記憶の塊であり、心の結晶体だと思っています。人の顔を見たら、だいたいどんな人間なのかはわかります。なぜなら、心が顔つきとなって現れるからです。

人は、それぞれ顔が違うように、それぞれ個性も違います。

生きてきた環境も違えば、親も先祖も違います。誰でも過去の体験、経験が基準になって、今を生きています。自分の生きてきたものの積み重ね、記憶。それがみんな違うわけです。

違うから、それが個性になるのです。

例えばあなたが、Aさんに「傲慢なヤツだな。付き合いたくないな」という印象を持っているとします。その印象で相手に接するから、向こうも同じような印象をあなたに持ちます。それがぶつかり合ったら、永遠と平行線をたどってしまいます。

では、記憶はどうして必要なのでしょうか？　それは、人間に与えられた武器だからです。例えば公園などに鳩がいますよね。鳩が餌をついばんでいる時、たまにほかの鳩に横取りされたりすることがあります。餌を取られた鳩は、最初はちょっと怒るけれど、数秒後にはあっけらかんとしています。

そんな鳩を見て、私は「すごいな」と思ったことがありました。明日食べることを心配せず、今この瞬間に生きている姿勢に感動したからです。

餌を取られたことを、いつまでもくよくよしていないでしょう。人間ならそうはいきません。人間独特の脳があるからです。この脳があるために、何十年も前のことであっても忘れることがないのです。

忘れないことにはいい面と悪い面があるのですが、悪い面として、トラウマがあります。トラウマも記憶です。仏教で言う因縁も、記憶です。業、カルマも記憶です。その記憶をなんとかできれば、人間は生まれ変わることができます。

「顕在意識」と「潜在意識」

人間の記憶となる、その「もと」は何なのでしょうか？　**それは「愛」と「恐怖」です。**記憶は、愛と恐怖がもとになって作られているのです。

愛とは、例えば男と女が愛し合わなければ、子どもは産まれません。つまり、愛がなければ子孫を残せないことになります。さらに、そのできた子どもを愛さなければ、死んでしまうかもしれません。

恐怖とは、例を挙げるとシマウマが荒野を歩いているとき、ライオンに遭遇したら「殺される！　食べられる！」と一目散に逃げます。一回も食べられたことがないのに、逃げるのです。だから生きているのです。明らかにＤＮＡの記憶というのがわかります。

愛をプラスとして、恐怖をマイナスとします。プラスは明るく、前向きに、積極的に、夢を持って、目標を持って、プラス思考で、愛と感謝の気持ちで、素直な心で、勇気を持って……ということになります。

マイナスは暗く、後ろ向きに、人を恨んで、憎んで、頑固で、傲慢で、偏屈で……ということになります。

どちらがいい人生を歩めるでしょうか？　もちろん、どちらがいいかはわかりますよね？　誰でもわかるはずです。子どもでもわかるはずです。戦争を起こすような国のリーダーたちも、わかっているはずです。極悪人でも、どちらがいいかはわかります。

でも、頭でわかってはいるけれど、プラスの心で生きられないのです。なぜなら「わかっている」ことと「できる」ことは、全然違うからです。あなたが頭で考えること、思っている心、これが心理学で言う「顕在意識（理性）」です。顕在意識は、今まで学んできた知識などを指します。

そのさらに奥に、「潜在意識（過去の記憶・DNA）」があります。
潜在意識は、つらかったこと、悲しかったこと、うれしかったこと、感謝したこと、だまされたことなど、オギャッと生まれてから今までのことを、頭の記憶では忘れていることであっても、何ひとつ忘れていません。

この潜在意識に「外界」、つまり自分のまわりの人、事、物からの刺激によって、あなたの中にある何かが出てくるのですが、何が出てくるのかは人それぞれ違います。だから、DVをするような人も相手が違えば、いつも手を出すわけではありません。それは、隠れているものが違うからです。**外界の刺激によって、自分の思いが出てくるわけです。**

メディアでもここ数年、コロナウイルスに関する報道が繰り返されてきましたが、これも外界の刺激です。かかっていない人もおびえてしまって、それが原因でうつ病になる場合もあります。

戦争も、戦地を何度も報道されるから、それがだんだん恐怖になってきて、「これは大変だ！　日本も準備しろ！」と、構えてしまっているのです。

例えば、夫婦関係が悪く、お互いそれぞれ別の弁護士に相談すると、離婚へとさらにスピードアップします。弁護士は、必ず相談してきた側の味方になるからです。

そうなれば当然、相手が悪いとなり、離婚の準備を始めます。離婚に向かってますますスピードアップするわけです。

心のことがわからないと、世の中の人はそういうことをしてしまうのです。外界の刺激によって、いろいろなことを思い出します。**忘れたいけれど、フラッシュバックのように思い出す。これを繰り返してしまう**のです。

例えば、女性が男性に強姦されたら、それが男性への偏見になり、なかなか結婚の縁に恵まれなくなる可能性があります。そういう記憶があるから、男性すべてを受け付けなくなってしまうのです。

これが潜在意識の作用であり、解決するのが一番難しい部分なのです。

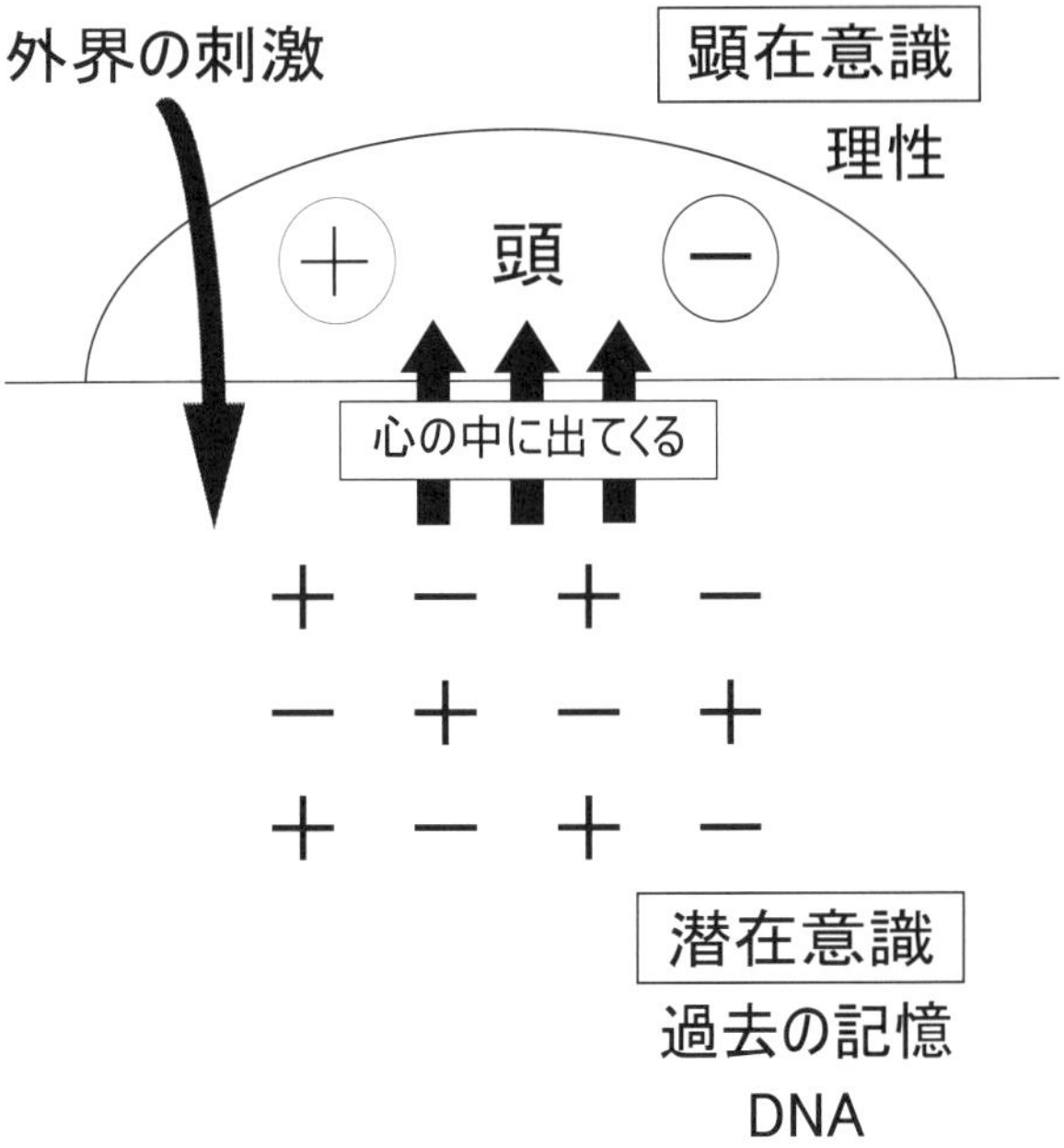
外界の刺激
顕在意識
理性
＋
頭
－
心の中に出てくる
＋ － ＋ －
－ ＋ － ＋
＋ － ＋ －
潜在意識
過去の記憶
DNA

この潜在意識をなんとか書き換えようと、世の中の人はいろいろな良い教えを学ぼうとしてきました。

宗教も教えです。しかし、宗教を学んだところで、本当に人間そのものが変わるのでしょうか？　実は、宗教を信仰している方ほど、自分の中にマイナスとプラスの二つの人格ができる可能性があります。

世界を見渡すと、宗教戦争が一番多いのです。宗教を信仰している人がけんかしているのは、その正義感が問題だからです。自分が正しいと思うから、絶対に引かないのです。

日本にもそういう時代がありました。神風特攻隊でお国のためと言って、飛行機で敵艦に突っ込んでいきました。そのことは確かに問題です。しかし、その若くして散っていった多くの特攻隊員たちは、正義感で、日本のお国を守るため、自分の子孫を守るため、憎き敵をやっつけるために死んでいきました。

彼らの土台も、愛だったわけです。この構造をおわかりいただけましたか？　知識として、頭だけでプラスを学んだとしたら、学びに基づいて相手を裁きます。相手に変わってほしいと求めます。

これは、親子でも、夫婦でも、社会中で起きることです。

パワハラは上からガンガン押し込んで、相手を落ち込ませます。

パワハラをされた側は、「私はだめな人間だ」と、自分に刃を刺していくことになります。それで落ち込んでいきうつ病になったり、最悪の場合、自殺などにもつながります。

あるいは、この刃を「お前が悪い！」と相手に向けると、敵がどんどん増えていくわけです。どちらもよくないのです。

よく潜在意識を開発するなどと言いますが、私は潜在意識のことをゴミと言っています。

そんなことを言っているのは、私ぐらいしかいないのではないでしょうか。ゴミと言った方が良いのです。ゴミはすぐに捨てなければいけないので、解決しやすいのです。ゴミ箱にフタをするように、私たちは顕在意識、理性でフタをします。何かに怒って腹が立ったとしても、それを理性でグッと抑えて、我慢します。フタをして中のゴミを抑え込むのです。

抑えられたゴミが生ゴミなら、それはやがて腐敗していきます。

腐敗して、臭いを醸し出してきます。**その悪臭をまず一番はじめに嗅がなければならないのは、自分です。**寝ても覚めても、夢の中でも、悪夢を見たりするのです。もうどうすることもできなくなります。

今度は、その臭いが部屋中に蔓延します。要するに、家族に影響を与えるようになります。一番近い人に悪影響を与えてしまうのです。

潜在意識の奥にある「真我《しんが》」

それでは、どうしたらいいのでしょうか？　このフタをとって、この潜在意識の奥にある真我を開発するのです。真我は潜在意識の奥にある、光そのものの心です。肉体で言うなら、今この瞬間にもあなたの心臓は動いています。生まれてから一回も休みなく動き続けています。それは誰が動かしていますか？

今、髪の毛も爪も伸びています。目には見えませんが、皮膚も入れ替わっています。今朝食べたものは消化吸収されて、いらないものは、前と後ろで分別されています。いきなり暗闇に入ると、最初は何も見えないけれど、だんだん自動的に目の瞳孔が開いて、少しずつ見えるようになります。全自動です。肉体で言うならそういうことですが、それの心版だと思ってください。

私がこれまで30年以上に亘り、一貫してお伝えしてきたのは、あなたが真我を開く方法です。心のフタをポンと外して、トントントントンと温泉を掘るように、石油を掘り当てるように掘っていき、最後の一突き、「トン！」と突いたとき、そこからブワーッと真我の心が溢れだしてきます。

光が闇を消すのです。その光は、愛の光だと思ってください。過去のいろいろな恨み、妬み、憎しみなどの闇を、本当の自分、真我が一瞬で光に変えます。

真我に戦いはありません。
真我は病気のない世界です。
真我は最も幸せな、豊かな世界なのです。
真我に目覚めることで、地球が愛の星に変わるのです。

日本は戦争に負けて、原爆を落とされ、無条件降伏して以来、一回も戦争をしていません。日本から世界に、目覚めのきっかけを作れたら最高ですね。当然あなたも幸せになり、家庭も幸せになり、会社も伸びていき、日本も変わってくるのです。

さらに、世界、人類も変わってくるのです。そういう時代が来たのです。

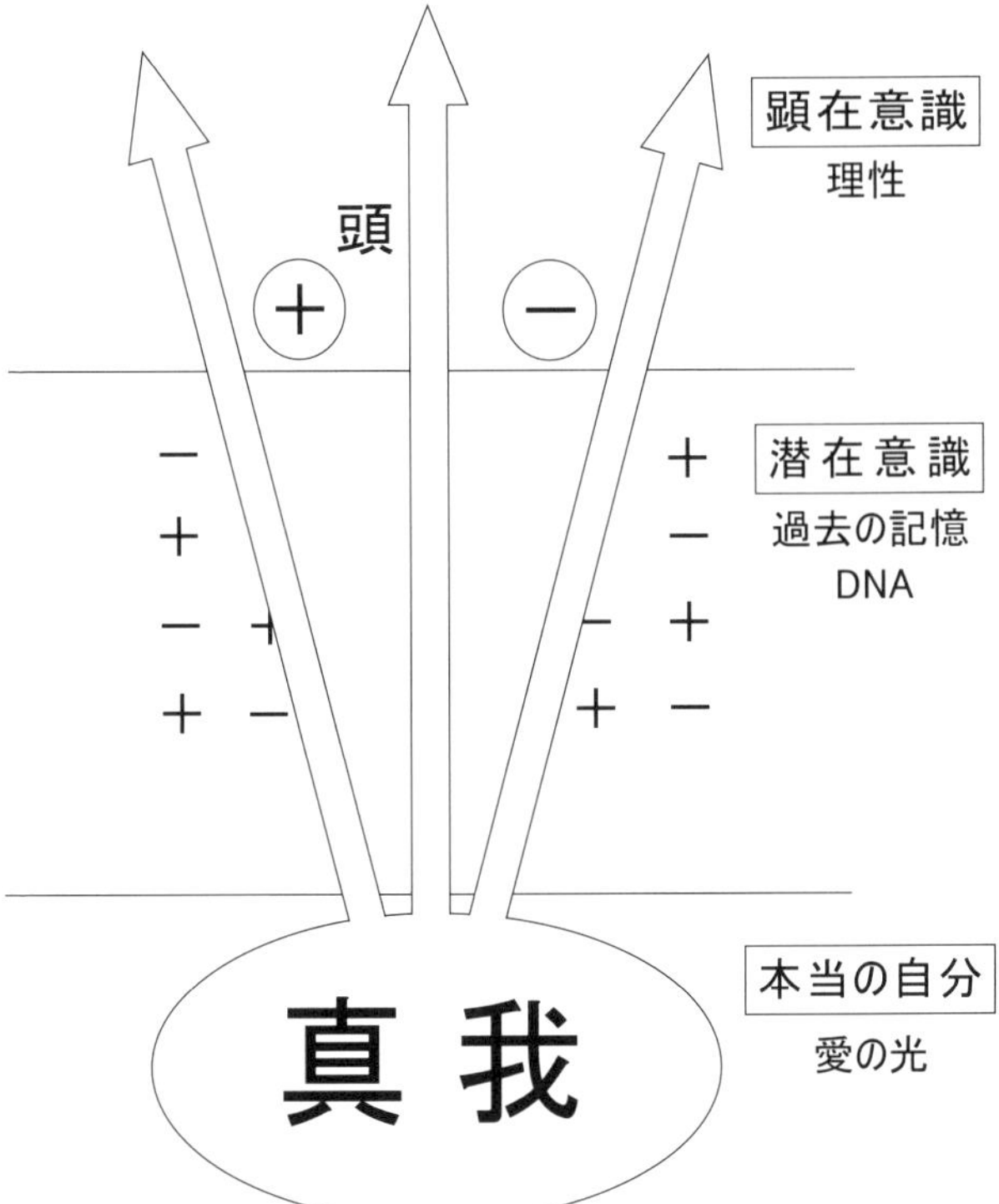
顕在意識
理性
頭
＋
－
潜在意識
過去の記憶
DNA
本当の自分
愛の光
真我

私は戦争とは正反対のことをやっています。闇があって、初めて光の存在がわかります。間違っていることがわかったときに初めて、何が正しいのかがより明確になります。

状況はそのままでいい。何かの条件によって幸せになるとしたら、それは違うのです。どんな条件でも、どんな立場でも、今この場からどれだけでも幸せになれるのです。本当の自分、真我に目覚めれば良いだけです。

潜在意識、過去の記憶が変われば、すべてが変わります。

私たち一人ひとりに記憶があるように、国にも記憶があります。前述しましたが、ウクライナとロシア、北朝鮮と韓国、中国と台湾など、みんなもともと身内なのです。身内同士が争うわけです。愚かで悲しいことです。

家庭で言えば、親からの育てられ方でトラウマがあったり、夫婦関係が悪かったりといった記憶が残ります。また、学校でいじめられたとか、会社でリストラされたとか、その記憶がいつまでも離れないでいるのです。

その記憶が変われば、離婚寸前の人がラブラブになったり、うつ病が治ったり、がんが消えていったりすることは十分に可能なのです。

ただ、本人が真剣に取り組まなければ意味がないものになってしまいます。自分の問題なのだから、誰よりも真剣にやるのです。

記憶が「問題」や「悩み」になりますが、その問題のお陰で真我を開くきっかけになったということです。

その悩みがあったお陰になるのです。嫌な人間がいたらそれを何とか克服したいがために真我に目覚めるというからくりなのです。

思いっきり意識の次元が上がって、あなたがもっと幸せに、豊かになったとしたら、その人のお陰でそうなれたと言えます。敵が味方に変わっていくわけです。そういうことが自由自在にできるのです。

これまで多くの人は、頭脳は動かせるけれど、心は動かせないでいたのです。心を自由に扱えるようになれば、いくらウイルスが来ようとも、大丈夫になります。精神科もなくなります。そして、戦争もなくすことができるのです。

あなたの中で輝く「心の太陽」

これまで述べてきた通り、本当のあなたは愛の光そのものであり、すべてを素晴らしい世界へ変えることが可能です。この真我は「顕在意識」「潜在意識」を超えた「全体意識」であるとも言えるでしょう。

このことをさらにわかりやすく説明するため、時には太陽に例えてお伝えすることもあります。

空を見上げてみてください。空には太陽があって、雲があって、月があって、星があります。逆に私たちの中にも、自分の中にも宇宙があると思ってください。

あなたの中にも宇宙がある。だから、あなたの中に太陽がある。あなたの中に雲があります。

「心がくもる」と言うでしょう？　くもるとは「落ち込んだ。モヤモヤする、イライラする、不安だ、心配だ、先が見えない、夢を持てない、人を好きになれない、成功するとは思えない、幸せになれるとは思えない」という思いです。

もちろん、そんな思いは誰も良いと思っていないはずです。けれど、どうにもならないものです。寝ていても見るのは悪夢ばかり。これでは不安でなかなか寝られません。心のくもりがあるからこそ、お酒がたくさん売れるのでしょうし、薬物依存症になる人もいるのでしょう。

依存症を作り出すような会社は儲かるかもしれませんが、私たち人間にとっては良いことではありません。

それよりも、自分たちで全部解決でき、物事の正しい判断ができ、やることなすこと百発百中でうまくいくようになったら、凄いですよね？
それが真我ならできるようになるのです。みなさんが何か行動したり、何か口を開いたら、それがまたすべてうまくいくようになる。そこから素晴らしい展開になっていく。十分そうなれるのです。

空に太陽と、黒い雲、そして白い雲があるとします。これを心に例えると、黒い雲は、暗く、後ろ向きで、人を恨んで、憎んで……といったネガティブな心。白い雲というのはポジティブな、明るい心、幸せな心です。

誰もがこの白い雲になりたいと思うでしょう？　だから、黒い雲は白い雲に嫉妬します。自分はそうなれないからです。白い雲は、黒い雲に優越感を持ちます。「あいつはなっていない。ダメだ」と見下すのです。でも、黒い雲も白い雲も、どちらも太陽ではないわけです。

あなたが真我を開き、自分自身の中にある太陽に気づいたら、今度は雲を俯瞰できるようになる。より高い視点を得て、雲さえも見下ろすわけです。そして、太陽の光が雲から下に突き抜けます。そうしたら、黒い雲の方が先にザーッと雨として降るわけです。

白い雲は残ったままで、黒い雲は重いから落ちてくるわけですが、これを好転反応と言います。ですので、悩んでいる人を黒い雲だとしたら、早く太陽の存在に気づきやすいのです。

みんな白い雲の方が良いと思っているわけですが、でも「真我」である「太陽」から見たら、むしろ黒い雲の方が悟りやすいということです。そしてザーッと雨が降り、その雨はこの地球上の人間をはじめ様々な生命体を潤していきます。その雨がなければ、生物は生き残っていけないわけです。

たとえ良い教えでも、戦争は白い雲が多いのです。自分が正しいと思っている同士がけんかをする。宗教戦争が一番多いのは、そういう理由です。当然、黒い雲が普通は悪いと思ってしまいますが、白い雲も黒い雲を裁くのです。「あなたは、なっていない」と、白い雲も黒い雲になります。ですから、太陽にだけ焦点を当てるのです。

心の雲が晴れ、スカッとすべてを見渡せると、現象面にあったいろいろな問題が自動的に解決します。しかも自分自身だけでなく、あなたの家族、周りの人たちまでこの太陽の光の恩恵を受けることになります。

それは、あなたの意識が広がった中に、世の中の人たちが入るからです。太陽が出てきたら、地上全部を照らすことになります。だから、周りに良い影響を与えるということです。

「太陽」、つまり「真我」に目覚めていったら、心は幻だということがわかります。

夢だとわかるのです。夢は、目が覚めた瞬間にパッと消えるのです。

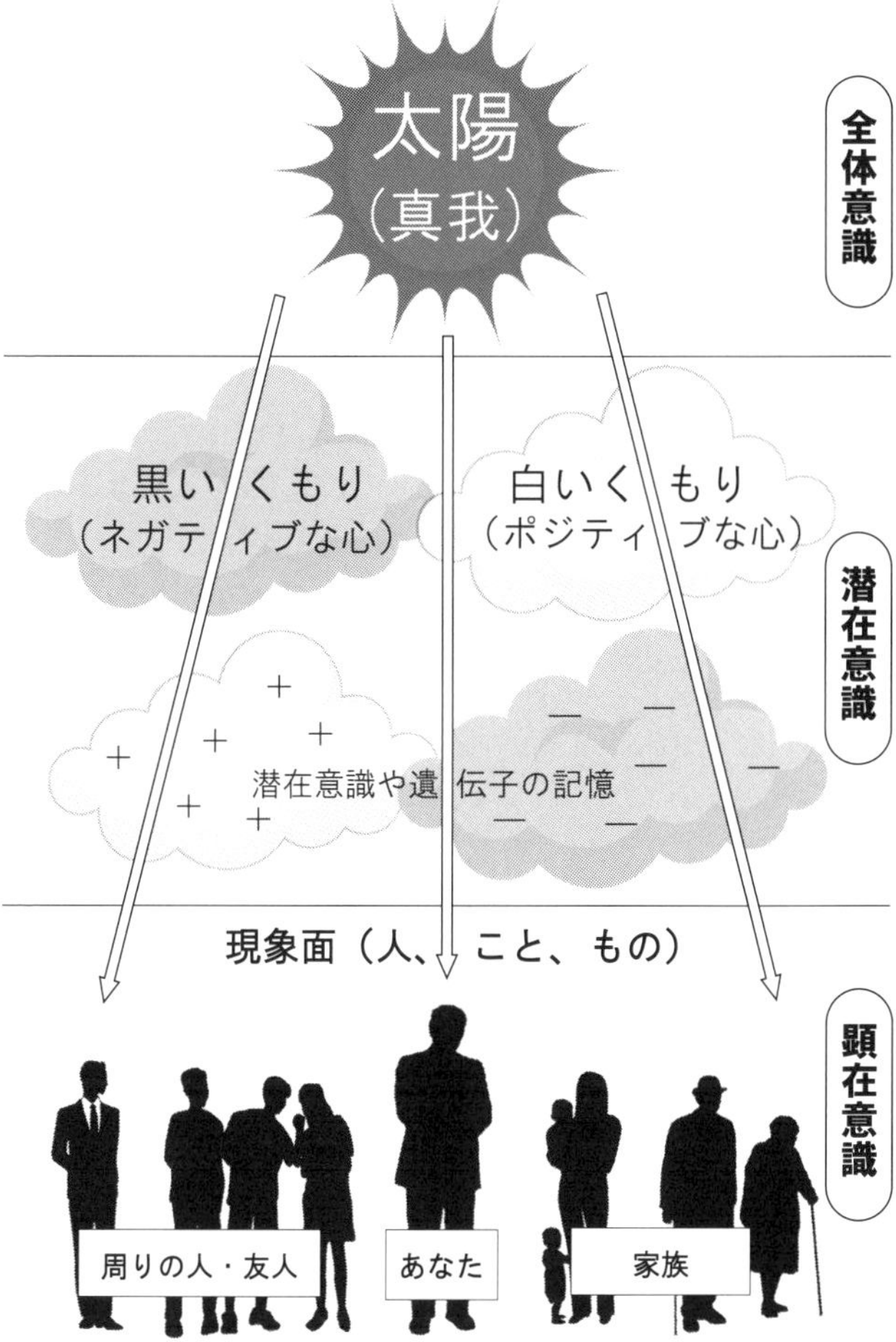
太陽
（真我）
全体意識
黒いくもり
（ネガティィブな心）
白いくもり
（ポジティィブな心）
潜在意識
潜在意識や遺伝子の記憶
現象面（人、こと、もの）
顕在意識
周りの人・友人
あなた
家族

もしかしたら、私たちが人間社会でやっていることの何かが、コロナウイルスを増幅させている原因であるかもしれません。

対抗するためにワクチンなどいろいろ考えられていますが、それよりも考えなければならないのは、いったいなぜあのようなウイルスが発生するのか？　もとは何なのか？　ということです。

私は、人間の心に原因があるととらえています。心が全部、この社会を作っています。心の雲が様々な形になり、コロナウイルスなどの病原体になったり、精神疾患やがんなどの病気になったり、争い事になったりして私たちに襲い掛かってくるのです。

それを単に敵と見て戦うのか？　それとも完全に味方にしてしまうのか？　その違いで、結果が変わってくるのです。

「美点発見」を極める

それではここで、あなたが日常的にできるワークをご紹介します。それが「美点発

見」です。相手の長所、美点を発見し、専用の用紙にどんどん書いていくのですが、美点発見は「褒める」こととは根本的に違いますので、その違いを説明しますね。

褒めるというのは、自分の範疇《はんちゅう》に入っているから褒めるということです。でも美点は、自分の範疇とは関係ないのです。相手の素晴らしさだけですから、一人でも書くことができますし、それを口に出さなくても出しても効果があります。

でも、もちろん口に出したほうがいいですよ。そうしたら、美点発見された人は自信がついてきて、本人の能力が出てくるということになるのです。

美点を発見するとは、あなたの目を養っていることになります。そこが褒めることとの大きな違いです。褒めるとき、相手が必要です。

また、「あなた、立派だね」と、どうしても自分が上に立ってしまいがちです。それにどこか褒める側の作戦や、意図が感じられないでしょうか？

美点発見は、どんなに目上の人であってもできます。社員が社長に向かって「おお、

よくやったな」と褒めたら、大変失礼になりますが、社員でも社長の美点発見はできるわけです。そこには尊敬が入っています。これが意識の使い方なのです。

例えば、メガネがあるとします。そのメガネが汚れていると、相手がどす黒く見えます。レンズをピカピカに磨いて、相手の素晴らしいところしか見えないメガネに変えたとすると、もう良いところしか見えなくなります。

相手はそのまま、何も変わっていないのです。あなたのメガネが変わっただけなのです。

だから、美点発見とはメガネを変えるということです。自分の見る目が変わるということであり、ただただ真実の発見なのです。

「美点発見しても、何も変わらない」と言う人もいるかもしれません。

しかし、相手の美点発見をして、その人の言ってほしいことをとことん言ってあげれば、その人が一番に変わるかもしれません。**また、重要なのは美点発見によって相**

手を変えることではなく、自分の見方が変わることだけなのです。ただひたすら、自分のメガネを変えるだけなのです。

相手の美点しか見えなくなるように、ワークシートに１００個、２００個と、美点を書いていってください。書いているうちに、本当にそのようにしか見えなくなるのです。

ではここで、あるインターナショナルスクールで実際に美点発見のワークを行った、生徒さんたちの感想文を紹介します。美点発見はこの学校の生徒たち、教職員、ＰＴＡ、すべての人たちに採用され、実施されました。

今、世界中の国々がすべて戦争をしているわけではありません。しかしゆくゆくは戦争になりかねないような緊張状態にある国はたくさんあり、日本も例外ではないのです。私たちが安心して暮らせる日本、世界にしなければなりません。それには美点発見がとても有効です。相手の素晴らしい点、人間性、国民性、すべてを含めた相手の美点を見るという姿勢が、世界を変えていくのです。

相手の悪い点を見て、そこをお互いに指摘し合うと、危ない状態になります。そうならないように、まさに世界を平和に、豊かにし、安心して暮らせるようにするための、真我の美点発見なのです。

〈美点発見：生徒さんの感想文〉

・美点発見を始めて、自分自身の心もきれいになり、他人を賞賛する声が自分の中から、自然に出てきました！

今後も学級で美点発見を継続しながら、互いを認めあい愛に溢れた学級にして行きたいです。

（生徒さん）

・美点発見を始めて、クラス全体が、友達に対する関心が、非常に高くなり、お互いを認め合う心が生まれて来ました。

今後も美点発見を継続し、模範が多く生まれる、模範学級を目指して参ります。

（生徒さん）

・美点発見のお陰で、子どもたちの人に対する意識、関心が、どんどん変わって来ている。
これから教職員同士も父母会も、美点発見をどんどん取り入れ素晴らしい学校へと変えて行きたい。

（校長先生）


国も民族も超えて、真我が世界を光に変える日が来ています。

では次のページから美点発見のワークのやり方とワークシートを用意していますので、ぜひ今すぐ取り組んでみてください。また、シートはコピーしてお使いください。

美点発見する対象は誰でも構いません。もちろん、自分自身の美点発見でもＯＫです。

〈美点発見のやり方〉

●あなたの知っている人の名前をあげて、その人の長所（美点）を記入してみましょう。できれば、あなたが毎日のように顔を合わせる人がいいでしょう。仲のいい人でも、悪い人でも結構です。

●相手も気づいていない面を発見してあげられたら、その人にとっての貴重な財産になります。長所は性格でも、外見でも、服装でも、生まれ故郷でも、その人にまつわる親兄弟でも、何でも構いません。それは具体的であればあるほど効果的です。

●あなたがその人の長所をあげているだけで、その人に対するあなたの思いが変わっていきます。無理に相手を好きになろうとするのではなく、まずは一つ、二つと、いい点だけを探していってください。

●思いつくままに挙げていくと、あなたにとって苦手だと思っていた、嫌いだと思っていた相手が、不思議といつの間にか好きになってしまうものです。一つ、二つ……とその人の長所を探し始めたら、その瞬間からあなたの心は変化していきます。

●すぐに好きになれない相手がいるかも知れませんが、人の長所を探すとその人に対する思いが変わり、苦手意識が小さくなっていることに気づくでしょう。ゆくゆくは、１００個以上の美点発見も簡単にできるようになっていきます。

◎ワークシートは、以下ＵＲＬからのダウンロードも可能です。

https://www.shinga.com/s/bitenw

記入見本

（　母親○○○　）の美点発見

1	料理をつくってくれた	11	勉強を教えてくれた
2	掃除が得意	12	手袋を編んでくれた
3	笑顔が素敵	13	家族に信頼されている
4	看病してくれた	14	字がきれい
5	きれい好き	15	おおらか
6	優しい	16	誕生日を祝ってくれた
7	話がおもしろい	17	ゴミを捨ててくれた
8	友人が多い	18	お弁当を作ってくれた
9	動物が好き	19	運動会に来てくれた
10	子どもが好き	20	歌が上手

佐藤康行メソッド

（　　　　　　　　　）の美点発見

1		11	
2		12	
3		13	
4		14	
5		15	
6		16	
7		17	
8		18	
9		19	
10		20	

佐藤康行メソッド

遠い国に住む人たちの美点を発見

ロシアがウクライナに侵攻を始めた時、テレビなどマスメディアで大きく報じられました。また、北朝鮮はミサイルを日本海や日本の上空を超えるように発射したりと、挑発を繰り返しています。

そして近年軍事力の強化が著しい中国は、日本と尖閣諸島を巡っての対立があります。

このような状況にあると、私たちはつい、そういった国の人たちを悪く思ってしまうかも知れません。

でも、それは違うのです。

たとえリーダーの決断で戦争やいざこざが起こるのだとしても、多くの国民は善良なはず。私たちと同じなはずなのです。日本もかつて第二次世界大戦では戦争の道を突き進みましたが、当時のリーダーの決断であって、国民に罪はないのです。

ロシアとウクライナは戦争の真っただ中にありますが、両国の皆さんについて、あなたはいまこの場で、全く別の場所にいながら美点発見することができます。

そうすると、両国の皆さんの見え方が変わります。

実際にロシアとウクライナをテーマに美点発見された方は、次のような素晴らしい点を発見されていました。

●ロシアの美点

・世界で最も広い大きな国
・国内でも時差は最大10時間
・アジアとヨーロッパにまたがり多種多様な文化を持つ
・ロシア語の話者は世界中に数億人もいる

・地域ごとに異なる100以上の民族言語が存在
・スポーツの強豪国
・バレエやオペラが盛ん
・世界有数の芸術国
・優れた科学者、技術者を輩出
・ゲストをもてなす伝統がある
・親日家が多い
・日本と多くの姉妹都市関係がある
・日本のアニメ、漫画、音楽などポップカルチャーが人気
・世界的に有名な伝統工芸品、マトリョーシカがある
・豊富な天然資源に恵まれている
・壮大な大自然がある
・モスクワ、サンクトペテルブルクなど美しい街並がある
・美しい聖堂がたくさんある

●ウクライナの美点

・緑豊かで旧跡も多い
・ヨーロッパ有数の穀倉地帯
・肥沃な黒土地帯
・天然資源が豊富
・首都キーフはヨーロッパ屈指の美しい街
・文化的な都市リヴィウは5世紀頃から存在する古都
・夏のリゾート地オデッサでは海水浴を楽しめる
・黒海がある
・1500kmもの長さがある山々が連なるカルパチア山脈
・日本より物価が安い
・有名なボルシチはウクライナ料理
・IT産業が発展している
・お土産のチョコレートが有名

・フレンドリーな人柄な人が多い
・読書好きな人が多い
・お洒落な人が多い
・家族を大事にする人が多い
・民族衣装「ヴィシヴァンカ」は刺繍《ししゅう》が綺麗
・コサックダンスの発祥地

いかがでしょうか？　もし、美点発見をしないで目の前にロシアの方や北朝鮮の方がいたら、差別する心が出てくるかも知れません。それは、マスメディアで報じられる印象があるからです。

でも、**印象は変えられる**わけです。大統領など国のトップではなく、国民の方の美点発見をする。そのことで、あなたの心が真我を通じて、その国の皆さんの心に影響を与えます。

全部ひとつに通じているから、だんだんとその国のリーダーも変化してくることは十分あり得るわけです。

相手が何千万人、何億人いても同じです。あなたひとりの意識が変わることで、世界が変わるのです。

第4章

愛のリーダー

「愛国心」よりも「愛世界心」

自分の国を愛するのは自然であり、必要なことです。しかし自国だけを愛して他国を愛さなかったために、戦争を生み出してしまいます。愛国心が強いために他国と戦争をしてしまうのです。

自国のことばかり考える国民は、自国を滅ぼします。**これからの地球は、愛国心と同時に「愛世界心」を持つことが必要です。**

他国に対して思いやりを持ってこそ、自国を発展させることができるのです。世界は究極的にはひとつなのです。繰り返しますが、国境は人間が便宜的に作ったものに過ぎません。これからの時代は自国だけでなく、他国のことも考えられる広い心が必要なのです。

インターネットにより、一般の人々も世界に向けて自分の意見を発信できるようになりました。**もう、国境などないのです。誰でも話ができて、誰でも意見を確かめ合うことができるのです。これはまさに真我の世界です。**

今後、人々は自分の殻を破り、世界の人々と手をつなぐ必要に迫られるでしょう。そのとき、共通基盤となるのは誰の心にもある真我の心、愛の心しかありません。

そうした心を今のうちから掘り起こしておかなければ、時代の急激な変化に取り残されることでしょう。

人間は今まで、国境や宗教の枠組みがあって戦争をしてきました。それを全部外したときに、国盗り戦争などナンセンスなのだと気づきます。**「故郷はどこ?」と言われれば、「地球」と言えばいいのです。いいえ、もっと言うなら「宇宙」と言っていいのです。**

真我は無限ですから、全世界をひとりで変えることも不可能ではないと思っています。なぜなら、真我に不可能はないからです。人間の思考とは違うからです。宇宙には難しいも簡単もないわけです。頭脳で平和にするわけではありませんし、また、真我を開いていくとそういう発想になっていきます。

真我は「恒久平和」です。一時的に平和にとか、いっとき手を握ろう、ということではありません。永久に肩を抱き合って、この人類が地球上に、永久に生き続けられるような、住み続けられるような人間になるようにしないといけないのです。

でもそれには、いろいろなものと共存しなくてはならないでしょう。いろいろな人間とも、いろいろな生物、そしてウイルスとも共存しなければならない。この地球全体の生命体と、ずっと共存できる状態をつくるのです。

宇宙から地球を見て会議する

地球の問題を解決するためには、世界の首脳が宇宙から地球を見ながら会議をすればいいでしょう。宇宙からの視点で、みんなで「地球を素晴らしい愛の星にしよう」

という会議をして、お金もそのために使うのです。

世界から戦争をなくす発想は、ある程度答えが決まっています。

みんな幸せになりたい、豊かになりたい、地球に存続していきたいのです。もう答えが決まっているのですから、答えから始めるのです。今の教育は、問題があっての答え、という順番です。そのため、答えが全く見当違いの方にいってしまう場合があります。

人は病気になったり、悩んだりと、いろいろな問題が起きて初めて真剣になります。しかしその答えが心のゴミから出た答えだったら、ゴミが増えるだけ。いろいろな問題とは、すべて愛を求める叫びなのです。

答えは決まっています。すべて真我の愛なのです。その答えを先に見たら、問題が消えます。

反対から見るのです。例えば、宇宙から地球を見たら、全く違うものが見えます。それではここで、ある宇宙飛行士が宇宙から地球を見たときに体験した話を紹介します。アポロ９号の乗組員だった、ラッセル・シュワイカート氏の体験です。

＊＊＊

「結論を先に言ってしまうなら、彼らはみな宇宙で、私という個体を一気に取り払われるような体験をしている。この体験を最もわかりやすく話したのは、アポロ９号の乗組員だった、ラッセル・シュワイカートだった。

彼が月面着陸船のテストを兼ねて宇宙遊泳している時のことだった。彼の宇宙空間での仕事ぶりを宇宙船の中から撮影するはずだったカメラが、突然故障し動かなくなった。

撮影担当のマックデビット飛行士は、シュワイカートにそのまま何もせず五分間待つように言い残して、宇宙船の中に消えた。

このシュワイカートに全く予期しなかった静寂が訪れた。それまで秒刻みでこなしていた任務がなくなってしまったのだ。

地上からの交信も途絶えた。そして真空の宇宙での完全なる静寂。彼はゆっくり辺りを見渡した。眼下には真っ青に輝く美しい地球が広がっている。

視界を遮る物は一切なく、無重力のために上下左右の感覚もない。自分はまるで生まれたままの素っ裸で、たったひとりでこの宇宙の中に漂っている。そんな気がした。

突然、シュワイカートの胸の中に何か言葉では言い表すことのできない熱く激しい、奔流のようなものが一気に流れ込んできた。考えたというのではなく、感じたというのでもないその熱い何かが、一気に体の隅々まで満ちあふれたのだった。

彼はヘルメットのガラス球の中で、訳もなく大粒の涙を流した。この瞬間、彼の心に眼下に広がる地球のすべての生命、そして地球そのものへの言いしれぬ程の深い連帯感が生まれた。

今ここにいるのは、私であって私ではなく、すべての生きとし生けるものの我々なんだ。それも今この瞬間に眼下に広がる青い地球に生きるすべての生命。

過去の生きてきたすべての生命。そしてこれから生まれて来るであろうすべての生命を含んだ我々なんだ。こんな静かだが、熱い確信が彼の心の中に生まれていた。

シュワイカートが宇宙空間で体験した、この私という個体意識から我々という地球意識への脱皮は、今この地球に住むすべての人々に求められている」

＊＊＊

この体験はシュワイカート氏に限ったことではありません。

スペースシャトルの乗組員だったサウジアラビアのスルタン・ビン・サルマン氏も次のように語っています。

「最初の一日か二日は、みんなが自分の国を指していた。三日目、四日目は、それぞれ自分の大陸を指していた。五日目には私たちの念頭には、たったひとつの地球しかなかった」

地球を見たとき、そこに国境もなければ、人種もなければ、宗教もありません。地球はすべてみんなの故郷ですし、すべてがひとつですから、相手国を攻めてダメにするのは、自分をダメにすることなのです。そこに気づけば、戦う心がなくなっていきます。

あなたの心の中にある真我は、いつも輝いています。一秒の休みもなく輝き続けています。全部答えが先です。あなたは真我そのもの、愛そのものなのです。

いくら相手が怒っていたとしても、「あなたは愛なのですね、素晴らしいです」「何でそんなふうに思うの？　私にはあなたの素晴らしさしか見えません」と返していったら、ケンカになるでしょうか？　もう答えは決まっているのです。

世界四大聖人が求めていたもの

真我はあなたの頭の中に、何かをたたき込むのではありません。本当の自分に出会うこと、真我を引き出すことが第一歩なのです。

世界四大聖人に孔子、ソクラテス、釈迦、キリストが挙げられますが、孔子は「朝《あした》に道をきかば夕べに死すとも可なり」と言っています。

自分の生きる使命、本当にやるべきことがわかったら今晩死んでもいい。迷ったまま生きるくらいなら、悟って今晩死んだ方がまだましである、ということです。それほど、本当の自分を悟ることの大切さを伝えているのです。

ソクラテスも「汝自身《なんじ》を知れ」と言っています。顕在意識が自分なのか、潜在意識が自分なのか、それとも真我が自分なのか、どの自分を知るかによって、全く意味が違ってきます。

確かに、この全部を含めた自分と言ってもいいのですが、どの自分で生きるかによって、天と地の差ができるのです。

釈迦が興した仏教では、宗派によって唱える念仏が違い、「南無妙法蓮華経」が正しい、「南無阿弥陀仏」の方が正しいなどと、論争になることがあります。

私は両方とも同じ意味であるととらえています。「南無妙法蓮華経」は、泥沼の中の蓮《はす》の花。「泥沼」とは顕在意識、潜在意識のことを指し、「蓮の花」が真我なのです。

「南無阿弥陀仏」は、即身成仏のこと。もうあなたはすでに、生きていても死んでいても、成仏しているということです。つまるところ、全く同じ意味なのです。「真我に目覚めたい、真我に目覚めたい」と叫んでいるのです。

また、キリストは「例え全世界を手に入れようと、魂を失えば何のかいあらん」と言っています。今、この言葉の重みが増しているのではないでしょうか。

つまり、戦争で他国を破壊したり、戦国時代のように国盗り合戦をしての天下統一など、ナンセンスに思うのです。

日本を手に入れたとしても、世界を手に入れたとしても、その人もいずれ死にます。もっと人間は、根本から考えなければならないのです。

あなたの愛する子どもや孫、そしてずーっと子孫まで、この地球に住めるようにするのがあなたの役目なのです。それには何をするかというと、真我、本当の自分に目覚めればいいだけです。

あなたは、一番大事なものに時間とお金とエネルギーを使うでしょう？　では、何が一番大事でしょうか？　飲み歩くことでしょうか？　ゴルフすることですか？　いい車を買うことですか？　それとも、いい家を建てることですか？

素晴らしい豪邸を建てたとしても、心の中がボロボロで、苦しみいっぱいで、子どもは引きこもり、家庭の中が猜疑心《さいぎしん》でいっぱいで、毎日争いが絶えないとしたらどうでしょうか？

それよりも、多少ぼろぼろでも、家族が仲良く、豊かで喜びいっぱい幸せいっぱい、そして社会にいい影響を与えているとしたら、どちらがいいですか？

この本を通じて、あなたは私と出会ったのです。一番大事なことに気づくために出会ったのです。

愛のリーダー

これから世界の尊敬を集め、声援を受けるのは、真実の愛の人です。

愛の人こそが、リーダーであり、人類の指導者になります。

愛といっても、男女の情愛のような愛ではなく、宇宙の愛、真我のことです。宇宙と一体になる意識を持つ人がリーダーとなるのです。


愛の人とは、愛の広い視野を持っていて、すべてはひとつという考え方を持つ人です。


あなたと私はひとつ。

わが家はひとつ。

日本はひとつ。

世界はひとつ。

宇宙はひとつ。

このように、大きな「ひとつ」という概念を持っている人が意識の高い人です。

歴史上、愛のリーダーが存在したことはあるのでしょうか？

その例として、インドのガンジーを挙げたいと思います。彼は当時イギリスの植民地だったインドを非暴力で独立に導きました。

武力も持たず、毅然とした意思表示と、ときに行う断食によって、大英帝国を圧倒したのです。

それは想像を絶する精神力の勝利であり、人間愛の実現でした。武力ではなく、経済力でもなく、愛によって人々を導いたのです。偉大な人間性が世界を変えた例として、人類の記憶に永遠に残ることでしょう。

もう、これからは肩書でリーダーになる時代ではありません。自覚を持ち、使命感を抱く人間がリーダーになる時代です。

真の精神力を持った人物が大衆を導く。そんな世界が、すぐそこまで来ています。

そこで必要なのは肩書や学歴ではなく、華麗な弁舌でもなく、人の心の奥底まで到達する言葉です。

美辞麗句ではなく、朴とつな言葉、難解なカタカナなど使わない誰にでもわかる言葉、しかし覆しようのない魂から湧き出た言葉が、真我の時代を開幕させることでしょう。

そうした心と言葉を使う人物をこそ、人々はリーダーと認めるでしょう。

もう、武力の時代は過去のものです。いたずらな武力行使は世界のメディアが糾弾し、世の一般民衆が黙っていないでしょう。インターネットは世界を変えました。こうした流れを後押ししているのは、人間の良心です。そしてその背後にあるのは真我です。

インターネットの時代を招来させたのも、真我だと私はとらえています。インターネットには国境がなく、情報を統制する権力もありません。しかし、それこそ真我の時代にふさわしいメディアです。

インターネットを使えば、誰でも自分の意見を述べることができます。総理大臣でも一般庶民でも変わりません。

現在民衆を情報統制し、権力に都合のよいように制圧している国々も、いずれインターネットによって崩壊するかもしれません。理屈で作った政治体制は、いずれ崩壊する運命にあります。思想で縛ったりするのは原始的と言うしかないからです。

人間は霊的に進化している

人間は、進化している。そう私は思います。

わかりやすくいえば、山を登っているとします。今まで人間は、山の麓《ふもと》でけんかばかりしていました。山肌のこちら側とあちら側で、互いに銃を撃ち合い、石を投げ合うようなことばかりしていました。

しかし、そうしているうちにも、人は霊的に進化して、山を登っていたのです。すると相手との距離がどんどん近くなり、顔も見えるようになりました。よく見れば、自分たちと変わらない顔をしていることもわかりました。

さらに登るとますます距離が近くなり、今度は声も聞こえるようになり、話もできるようになりました。そうなると、もう戦う必要などありません。相手と直接話をして、相手の要求がわかるようになりました。

そして、こちらの要求も伝えることができました。すると、もう銃はいらなくなりました。銃を握った手で互いに握手を交わし、友人として話ができるようになったのです。

かつての日本とアメリカは、まさにそうでした。日本では戦争中、「鬼畜米英」などと言っていたのが、戦後は世界で最も緊密なパートナーとして、互いを認識するようにまでなりました。

戦争中は互いを想像の中で恐怖していたのが、実際に会って話をしてみると、同じ人間であることがわかり、安心して手をさしのべるようになったのです。

こうした変化の背景には、通信手段、マスメディアの発達があります。テレビやラジオが登場し、そして今はインターネット、スマートフォンの時代です。世界のニュースがリアルタイムで報じられ、私たちは自宅にいながら、そして自分の手のひらの上で、地球全体の出来事がわかるようになりました。

地球にはどこでも人がいて、同じように人々は家族を持ち、喜怒哀楽を持ちながら生活していること、みんな自分たちと変わらない人間であることがわかり、必要以上の敵対心や恐怖感を、持たずにすむようになりました。これは大きな進歩です。

私たちは真我の次元で皆つながっています。他人はいわば自分の一部なのに、どうして攻撃したり、消滅させたりする必要があるでしょうか。なぜ、自分の体の一部を、痛めつける必要があるのでしょうか。

これまで人類は、究極の争いごとの解決手段として、戦争しか知りませんでした。しかし、もう、そうした野蛮な方法ではなく、真我をよりどころにした議論により、すべてが調和できる方法論を開発するべきです。

世界は、進化しているのです。人類は目に見えない次元で成長しているのです。もう、暴力的手段で世界を動かす時代ではないのです。時代はすべての国に友好と愛を求めています。その先駆けが日本なのだと私はとらえています。

個体的な意識から全体意識へと進む必要があります。そのためには、愛がなければ入っていけません。始終家に引きこもっているだけなら、自分の都合次第で生きていけますが、団体の中に入ったとき、相手を立てなければうまくいきません。

自分の家にいるのは楽なので、結局、また自分の部屋にこもってしまいがちになります。しかし、これではまともな社会生活はできないでしょう。社会に出て周りとうまくいくようにするには、相手を立て、喜ばれる動きをしないといけないのです。

いまこそ日本は積極的に日本の外に出て、ほかの領域と心を通わせていくべきです。ほかの領域、即ち外国に入っていくときに、大事なのは、人間の脳で考える浅い知恵ではなく、愛という宇宙の意識、つまりこれまで述べてきた「真我」が大事だということです。

地球も愛で宇宙に入っていくのです。そこから世界に広がっていくということですね。宇宙はエネルギーに満ち満ちています。人間はその宇宙のエネルギーを開発していないだけ、発見していないだけです。

地球だけが住み家ではありません。永遠不変に、人間は宇宙に住まわせてもらうことができるのです。

「日本の国だけが国だ」という狭い殻を打ち破って、ブレークスルーして世界につながり、さらに地球がブレークスルーして宇宙につながっていく。そうなれば、地球人口がいまの百倍に増えてもどうということはありません。


大宇宙の中に銀河系があります。銀河系だけで星が2000億個あると言われています。その銀河系と同じような銀河が、宇宙にはまた何千億もあります。

地球はその中の、小さな小さな惑星のひとつです。

その中に難しいも簡単もありません。その宇宙の中の産物なのです。だから、ひとりで世界を変えることも不可能ではないのです。


今、真我の愛の動きが、うねりを持って広がっています。

深く大きく広がっています。それはあなたの真我である、愛の結晶体です。あなたも主役です。これから日本、そして世界は、真我を中心に大変面白いことになっていくと感じています。

相手を理解する最大のチャンス

悩みとは人間関係に起因するものですが、私のもとにも、男女の問題で悩まれている方がたくさんいらっしゃいます。男が女になったことはないし、女は男になったことがないから、相手のことがわからないのです。

世界中の人が男と女について極めていったら、この世から戦争なんてすぐになくなるでしょう。なぜなら、男女とは「人間関係の肝」だからです。

相手の言っていることが理解できない時は、相手をわかる最大のチャンスが来たと思えばいい。

なぜ相手がそんなことを言うのか聞いてみるのです。そうすると、性格や求めているニーズなど、いろいろわかってきます。

「どうしてなの？　どうしたらいいの？」「できるかできないかわからないけど、教えて」と、とことん聞く側に回ってください。メモをしながらでもいいですね。

相手が答えてくれないとしたら、聞き方が悪いのかもしれません。何か目的を持って聞いているからです。**目的はただひとつ、相手が満足することだけです。**

相手は言っただけで楽になります。戦いになっているのは、全く自分のことをわかろうとせず、とんちんかんな返答ばかり返って来るからです。

解決策は簡単です。「ええっ？　本当!?　もうちょっと聞かせて！」と、聞き役に回るのです。

話を聞きもせず、思い込みだけで勝手に勘違いされたら、誰でも気分はよくありません。わからないのは当然だから、聞くしかないわけです。相手の求めていること、言っていることを理解しようとする姿勢が大事なのです。

相手が背中がかゆいとします。自分がかゆくなるところをかいたら、相手は的外れなところをかかれたと怒っても当然でしょう。

「どの辺？　この辺？」と聞きながらかいてあげると、相手もスッキリするでしょう。

これはビジネスでも何でも、人間関係において皆同じです。この姿勢で相手に向かって行けば、戦争など起こりようがないのです。

心と言葉と行動

ここまでお読みいただいて、戦争を解決し、世界を調和で満たすにはあなたの真我を開き続ける必要があること、そしてその意味をおわかりいただけたでしょうか。

戦争だけではありません。あなたの中に、あらゆる問題を解決する力があるのです。

そのために大事なのは「心」と「言葉」と「行動」です。この３つですべて決まります。

「心」に思ったことを言葉に出す。

「言葉」に出したことを「行動」する。

その中で一番量が多いのは「心」です。今もこの本を読みながら、あなたはいろいろなことを思っているはずです。心の次は「言葉」。そして「行動」。量だけで比較すれば、行動が一番少ないわけです。

しかし、結果が出るのはその真逆になります。

「行動」が一番結果に出ます。「言葉」がその次で、「心」は思っただけでパッと通じるとは限りません。そういう意味で、**まずはあなたの「言葉」と「行動」を変えることです。**

あなたが何か食べている時に「いやー、美味しいな」と言ってみるのです。相手も「美味しいね」と言ってくれたら、さらに美味しく感じられます。黙ってしかめっ面でも食事はできますが、やるとやらないとでは天と地の差です。言葉に出して、行動に現すから現象面が変わっていくのです。

本当のあなたが引き出され、素晴らしく変化し、あなたの心が「ありがたいな」「うれしいな」と感じたら、これを体験談として、多くの人に伝え、発信してみるのです。私は毎日、多くの皆さんから真我を開いた体験談をいただいて、一緒に喜んでいます。ということは、私は皆さんの体験談を「頂いている」ということなのです。

１００人分の体験談を喜べば、１００人分の幸せが手に入るということです。人の幸せを頂き、そして一緒に喜ぶのです。

相手の方も、悪い気はしないはず。あなたも自分の話をして、相手が自分のことのように喜んでくれたらうれしいですよね。

つまり、人を救う側に回るのです。そうすると、それだけのものを頂けるのです。

つい人間は自分中心になって、そういう幸せを頂けず、自分というエゴから抜けきれないものです。でも、人の幸せを喜んでいると、その幸せがどんどん広がっていきますし、よりたくさんの幸せ、たくさん成功を自分も頂けるようになるのです。それはもう、すごいスピードでそうなっていくのです。

すべてと和解

戦争を始め、世界には様々な問題があります。これらの現象を、真我ではどうとらえたら良いのでしょうか？　**私たちにできることは、真我を追究し、次元を上げ続けていくことです。意識次元を上げることにつきます。**

「真我の実践」という言魂《ことだま》を唱えると、意識が真上に上がっていくと思ってください。心の中で繰り返し「真我の実践、真我の実践、真我の実践」と唱えるだけです。

棒に布をつけて、その布が真上に上がっていくように、だんだん大きく広がっていきます。いずれ、地球をも囲むくらいになります。それが意識次元を上げるということとです。上に上がった意識は、下に影響を与えます。

平行に、横に行くのではありません。真上に行くのです。真上の一番の頂点は、真我です。**真我は宇宙であり、愛そのもの。それをなるべく簡単に現すために「真我の実践」を唱えることで意識を上げるのです。**

また、「真我の和解」という言魂もあります。これは、すべてのすべてと和解するということです。

この世にあるすべてのすべてと和解するのです。和解していないから疲れて、クタクタになった時にウイルスなどが入りやすくなるのです。

例えば、誰かが殴り合いのけんかをしているとします。クタクタになって動けなくなった時に、また元気のいい相手が敵としてやってきたら、コテンパンにやられてしまいます。それは心の世界でも同じなのです。

心の中が敵だらけだと、常にクタクタになってしまいます。ですから危ないのです。敵愾心は恐怖を生み出し「いつ誰にやられるかわからない」と、心配を生み出します。トラウマなどもそうです。弱った心に入るわけです。

一番強い心は、真我の愛の心なのです。

「真我の実践」と「真我の和解」という言葉を口癖にすることで、あなたは意識次元を上げる技が身につきます。何も難しいことはありません。ただ「真我の実践」と「真我の和解」を唱えるだけなのです。

真我を実践するというのは、愛の心、愛の光と和解するということです。ですから真我の和解と意味は同じになるわけです。何かが起こって頑張るとか、そういうことではないのです。**敵をつくらないことが、すべてのすべてと和解することなのです。**

これらの言魂を唱えているだけで意識が上がっていき、世界のどこかに影響を与えます。地球の裏側の人にも影響を与えるのです。

あなたが真我を追究していくだけで、世界平和になるのです。

私たちのこの意思の世界と、潜在意識のさらに奥にある、一番深いところにある宇宙意識を引き出していったときに、すべてとひとつの愛のパワーが出てくるわけです。それが最高の免疫力なのです。人間の中に、眠っている力があるわけです。

これが出たとき、私たちが普段開発していない、すごい生命力、エネルギーが溢れてきます。そのエネルギーによって、ウイルスだとか、悪い因縁を引きつけることがなくなります。

あなたもぜひ毎日、「真我の実践」と「真我の和解」を唱え続けてみてください。確実に心が変化していきます。

本書で繰り返し述べてきましたが、人間が「自分が正しい」という概念を持ち、「相手が間違っている」という概念になったら戦争になるのです。**地球全体から言うと、人間がやっていることがガンなのかもしれません。自滅への道なのかもしれません。**

病気もほとんどが自滅への道なわけです。

自滅をするか、それとも存続の道を選ぶのか。真我に目覚めていったら、全部自動的に解決していくのです。あなたがやることは、太陽である真我はいつも煌々と輝いているから、壁になるか、レンズになるか、どちらかを選ぶだけです。壁になったら光を通さず、自滅していきます。レンズになったら、自分が救われるのみならず、多くの人が救われていきます。

あなたの中に、愛で光り輝く真我があるのです。光が光を反射し合って、人間の心の闇をきれいに消していく。戦いの心を消していく。

愛の大調和の心で消していくのです。そうすると、世界から争いが消えていきます。

おわりに

「あなたにできないことはない」

人はみな違います。生きてきた環境、家柄、宗教や思想、人種や肌の色が異なります。こうした違いのみに眼を向けていれば、ぶつかり合いはなくなりません。しかし、命の次元、真我の次元では皆同じなのです。それを悟れば、ぶつかり合いはなくなります。

言葉は、心の一部、考えの一部が言葉化されているので、本当に伝えたいことは100分の1も伝えられないでしょう。また、国によって言葉は違いますが、心は世界中どこの国の人でもだいたい共通しています。

心の深いところで一番共通しているのが真我です。いえ、これは共通というより全員同じなのです。

自分の中に「自分を愛し人を愛せる、すべてを愛せる自分になりたい」という本能があります。わかってもらいたい、認めてほしい、愛してほしいとみんなが思っています。

でも認めてくれない、わかってくれない、愛してくれないから、恨む、憎む、妬む、嫉妬するのです。

ですので、言葉や心を越えた真我を引き出したとき、相手に伝わる心が変わり、だんだん言葉も変わってきます。もちろん、行動も変わってきます。

私が真我を伝え続けて、30年以上経ちました。ずっと一貫して変わらないのは、「ひとりが全人類」と思ってやってきたことです。もちろん、今でもそれは変わりません。**地球の裏側まで全部、真我は届くのです。一般的に言われる意志の疎通ではありません。真我は永遠無限、完全完璧だから、できないことはありません。**

あなたも「できないことはない」という前提で、実践してください。

例えば、戦争を起こすようなリーダーを何とか変えたいと思ったとしても、**もしか**

したら、そのリーダーのお陰であなたの次元が上がる、そのきっかけになるかもしれません。

それがあなた次第で可能なのです。

相手を変えてやろうと思わなくても、真我を追究することで全部解決できます。自分の次元を上げるために、その人の存在をきっかけにするのです。やるべきことは、真理の追究だけ。極めるのです。極めるだけでいいのです。

あなたはどんな環境にいても、どんな国家にいても、素晴らしい人生を切り開いていけます。

すべてはひとつ、すべては愛だと悟れば、誰ともぶつからない「無敵の世界」になるのです。

佐藤康行

心の専門家　**佐藤 康行**

ＹＳこころのクリニック創立者、心の学校グループ創始者。

1951年、北海道美唄市生まれ。15歳で単身上京、皿洗いからレストランを創業。「世界初の立ち食いステーキ」を考案し、８年で年商50億円（70店舗）を達成した。

その後経営権を譲渡、「心の学校」を創立。約30年にわたり「本当の自分＝真我」に目覚めることを伝え続け、グループ全体で52万人以上の人生を劇的に好転させてきた。2014年、ＪＲ東京駅前に「ＹＳこころのクリニック」を開院、うつ病治療では90日以内の寛解率が90％以上という成果を上げている（現在は東京・門前仲町へ移転）。

研修指導は、ノーベル賞候補となった科学者や有名な医師、大企業の経営者、社員教育などでの実績があり、ＡＮＡ（全日空）ではグループ全社員43,000人を対象に研修が行われている。国会議員を始めとした政治家からの信頼も厚く、文部科学大臣を輩出。政府からの依頼を受け、ひきこもり問題解消で大きな成果を挙げた。また、公立小学校のいじめ・不登校児問題も、多くの事例を解決に導いた。

主な著書に『満月の法則』(サンマーク出版)、『仕事で心が折れそうになったら読む本』(ＰＨＰ研究所)、『太陽の法則』（ＫＡＤＯＫＡＷＡ)、『真我』100巻 大全集（アイジーエー出版）などがある。

著書は350冊以上、著者シリーズ累計で250万部に及ぶ。

世界から戦争を消し去る方法

2023年11月20日　第1版第1刷発行

著　者　佐藤康行
発行者　株式会社アイジーエー出版
〒135-0033　東京都江東区深川1－5－5
佐藤康行 真我ビル5階
電話　03-5962-3745
FAX　03-5962-3748
ホームページ　https://www.igajapan.co.jp/
Eメール　info@igajapan.co.jp
印刷所　中央精版印刷株式会社

2023 Printed in japan.

ISBN978-4-903546-45-2 C0030

― お問合せ ―

ご相談はお気軽に！

お電話、FAX、Webサイト、Eメールなど
お好きな方法でご連絡ください

本当の自分に目覚めたい、
人間関係、夫婦関係などのご相談は

心の学校アイジーエー

HP https://www.shinga.com/

E-mail info@shinga.com

【東京本部】

〒135-0033
東京都江東区深川1-5-5 佐藤康行 真我ビル

TEL **03-5962-3541** （平日10～18時）
FAX **03-5962-3748**

【関西支部】

〒532-0011
大阪府大阪市淀川区西中島5-14-10
新大阪トヨタビル6F

TEL **06-6307-3022** （平日10～18時）
FAX **06-6307-3023**